# GUIDE

## POUR L'APPLICATION DES LOIS, DÉCISIONS ET INSTRUCTIONS

# SUR LE TIMBRE

## EN MATIÈRE D'ÉCRITURES ET DE COMPTABILITÉ

DES

## COMMUNES ET ÉTABLISSEMENTS PUBLICS,


Par **J. HUSSON**,

SOUS-CHEF DU BUREAU DES FINANCES A LA DIRECTION DE L'INTÉRIEUR DE LA GUADELOUPE.


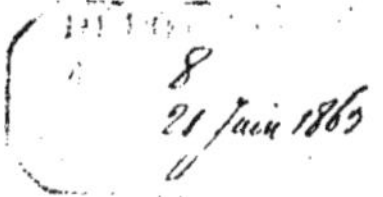

Il serait très-important que, dans chaque branche du gouvernement, on reprit toutes les anciennes circulaires afin de les coordonner et d'en composer, pour ainsi dire, un corps de doctrine administrative..........

.......................................

Cette refonte détruirait une confusion fâcheuse. Les circulaires se succèdent, se remplacent et parfois se contredisent. L'agent qui leur demande une règle de conduite ne la trouve pas toujours clairement tracée....

Vivien. — *Études administratives,* tome I, page 326.


BASSE-TERRE (GUADELOUPE).

IMPRIMERIE DU GOUVERNEMENT.

1863.

# NOTE.

Il m'a paru qu'il pourrait être utile aux fonctionnaires de l'administration centrale de l'Intérieur et des administrations municipales d'avoir à leur disposition, réunis dans un manuel d'une consultation simple et facile, les lois, décrets, décisions et instructions sur l'application du timbre en matière d'écritures et de comptabilité des communes et des établissements publics de la colonie.

Tel est l'objet du présent recueil.

Soumis, d'après les ordres de M. le Gouverneur, à l'examen de M. l'Inspecteur Chef du service de l'Enregistrement, ce travail a donné lieu à l'appréciation suivante :

.....................................................................................

« Tout ce que contient ce recueil est conforme à la loi sur le timbre et aux instructions « et décisions intervenues pour son application. Cependant, il n'est pas possible de décider, « sans se livrer à des études longues et difficiles devant lesquelles ont reculé jusqu'ici des « hommes spéciaux, qu'il n'y ait rien eu d'oublié et que toutes les difficultés qui peuvent « s'élever en cette matière, trouvent leur solution dans les diverses dispositions coordonnées « par M. Husson. »

.....................................................................................

Par suite de ce rapport, le Chef de la colonie a bien voulu décider que ce travail serait imprimé aux frais de la colonie et distribué aux divers services qu'il intéresse.

Je serai reconnaissant à MM. les Maires et les fonctionnaires de me signaler les modifications dont ils reconnaîtront l'opportunite.

Basse-Terre, le 17 décembre 1862.

J. HUSSON.

# TABLE DES MATIÈRES.

## CHAPITRE 1er.

### DISPOSITIONS GÉNÉRALES.



## CHAPITRE II.

### OBLIGATIONS DES FONCTIONNAIRES.

## CHAPITRE III.

### ACTES SOUMIS OU NON SOUMIS AU TIMBRE.

## CHAPITRE IV.

### DE LA DÉPENSE DES DROITS DE TIMBRE.

ANNEXES.

## EXPLICATION

### DES ABRÉVIATIONS CONTENUES DANS LE RECUEIL.

---

B. o. m. i. — Bulletin officiel du ministère de l'intérieur.

Cass. — Arrêt de la cour de cassation.

C. c. g. — Circulaire de la direction de la comptabilité générale des finances.

C. m. i. — Circulaire du ministre de l'intérieur.

Circ. — Circulaire de l'administration de l'enregistrement.

Dél. — Délibération du conseil d'administration de l'enregistrement.

D. m. f. — Décision du ministre des finances.

D. m. i. — Décision du ministre de l'intérieur.

I. g. f. — Instruction générale des finances du 20 juin 1859.

J. e. — Journal de l'enregistrement.

R. g. e. — Répertoire général de l'enregistrement.

Sol. — Solution de l'administration de l'enregistrement.

# GUIDE

POUR

## L'APPLICATION DES LOIS, DÉCISIONS ET INSTRUCTIONS

# SUR LE TIMBRE

EN MATIÈRE D'ÉCRITURES ET DE COMPTABILITÉ

DES

## COMMUNES ET ÉTABLISSEMENTS PUBLICS.

---

## CHAPITRE Ier.

### DISPOSITIONS GÉNÉRALES.

**1.** — *Définition du timbre et du droit de timbre.* Le timbre est une empreinte apposée au nom de l'État sur les papiers ou parchemins débités par l'Administration ou dont la loi permet l'usage.

Le droit de timbre est la contribution perçue à l'occasion de l'empreinte du timbre.

**2.** — *Établissement du timbre à la Guadeloupe.* La contribution du timbre a été établie à la Guadeloupe par un décret de l'Empereur du 24 octobre 1860, promulgué dans la colonie le 26 novembre suivant.

**3.** — *Application dans la colonie des dispositions législatives en vigueur dans la métropole.* Un autre décret du même jour a déclaré applicables dans la colonie de la Guadeloupe, sauf le

2

tarif des droits, les dispositions législatives en vigueur dans la métropole (1).

**4.** — *Principe général de la perception du droit de timbre.* La contribution du timbre est perçue sur tous les papiers destinés aux actes civils et judiciaires et aux écritures qui peuvent être produites en justice et y faire foi. Il n'y a d'autres exceptions que celles *nommément* exprimées dans la loi. (Article 1er de la loi du 13 brumaire an VII.)

**5.** — *Différentes sortes de timbre.* La contribution du timbre est de deux sortes :

La première est le droit de timbre imposé et tarifé en raison de la dimension du papier dont il est fait usage — *c'est le timbre de dimension ;*

La seconde est le droit de timbre créé pour les effets négociables ou de commerce et gradué en raison des sommes à y exprimer, sans égard à la dimension du papier — *c'est le timbre proportionnel.* (Article 2 de la loi précitée.)

**6.** — *Du timbre ordinaire.* Le timbre ordinaire est celui qui est appliqué sur les papiers débités par la régie. Ces papiers, qui portent un filigrane particulier imprimé dans la pâte même, à la fabrication, sont dans les dimensions déterminées dans le tableau ci-après :

---

(1) Des exceptions, en ce qui concerne le timbre des actes non soumis à l'enregistrement par l'ordonnance du 31 décembre 1828, s'étaient introduites dans l'usage, par suite d'une fausse application de l'article 2 du décret du 24 octobre 1860. Aux termes d'une dépêche ministérielle du 13 avril 1861, dont extrait a été publié dans la *Gazette officielle* du 3 mai 1861, les dispositions législatives concernant le timbre, déclarées applicables dans la colonie par le décret du 24 octobre 1860, doivent être exécutées sans restriction. (Voir aussi la note mise au bas du n° 89. — Poursuites, § 2.)

| DÉNOMINATIONS. | DIMENSIONS (en parties du mètre) de la feuille déployée (supposée rognée). | | |
|---|---|---|---|
| | Hauteur. | Largeur. | Superficie. |
| Grand registre...................... | 0m,4204 | 0m,5946 | 0m,2500 |
| Grand papier........................ | 0 ,3536 | 0 ,5000 | 0 ,1768 |
| Moyen papier (moitié du grand registre) | 0 ,2973 | 0 ,4204 | 0 ,1250 |
| Petit papier (moitié du grand papier).. | 0 ,2500 | 0 ,3536 | 0 ,0884 |
| Demi-feuille (moitié du petit papier).. | 0 ,2500 | 0 ,1768 | 0 ,0442 |
| Effets de commerce (moitié de la demi-feuille du petit papier, coupée en long)........................ | 0 ,0884 | 0 ,2500 | 0 ,0221 |

L'empreinte du timbre ordinaire est appliquée au haut de la partie gauche de la feuille. (Loi du 13 brumaire an VII, articles 3 et 6.)

7. — *Du timbre extraordinaire.* Le timbre extraordinaire est celui qui est apposé sur les papiers ou parchemins que les particuliers, qui veulent se servir de papiers autres que ceux de la régie, présentent, *avant d'en faire usage*, aux préposés chargés de la perception.

Le timbre extraordinaire est appliqué au haut du côté droit de la feuille.

Si les papiers ou parchemins se trouvent être de dimensions différentes de celles des papiers de la régie, le timbre, quant au droit établi en raison de la dimension, est payé au prix du format supérieur. (Article 7 de la loi précitée.)

Le timbre extraordinaire ne peut être appliqué qu'à la Basse-Terre. (Article 3 de l'arrêté du 22 avril 1863.)

8. — *Du visa pour timbre.* Le visa pour timbre est la mention qui est faite et signée par un employé de l'enregistrement, en tête d'un écrit ou de papiers destinés à certains actes, pour tenir lieu de l'empreinte du timbre.

Le visa pour timbre ne peut avoir lieu que pour les actes indiqués et dans les cas prévus par la loi. Il est, de plus, donné aux actes et écrits en contravention aux lois du timbre.

## CHAPITRE II.

### OBLIGATIONS DES FONCTIONNAIRES. — PÉNALITÉS.

9. — *Altération du timbre.* § 1er. L'empreinte du timbre ne peut être couverte d'écriture ni altérée. (Loi du 13 brumaire an VII, article 21.)

A peine d'une amende de 5 francs. (Même loi, article 26, n° 2, modifié par l'article 10 de la loi du 16 juin 1824.)

§ 2. Lorsque le timbre du papier employé au répertoire des officiers publics est couvert par l'impression des colonnes, il n'y a contravention ni de fait, ni d'intention. (Déc. m. f. du 26 mai 1820.)

Il en est de même lorsque les chiffres des colonnes ou des numéros d'ordre ont été placés sur le timbre. (Sol. du 3 décembre 1834.)

Il en est encore de même lorsque l'on a écrit sur le timbre la date ou la nature de l'acte, parce que l'irrégularité provient de l'arrangement des colonnes et non de l'intention d'altérer le timbre. (Sol. du 3 avril 1835.)

Ce qui vient d'être dit des répertoires peut s'appliquer à toute formule dont la structure pourrait rendre nécessaire l'apposition de quelqu'une de ses parties sur le timbre. En ce sens, il a été reconnu que, s'il existe dans une liquidation des tableaux en chiffres, et que l'on se trouve amené à placer quelques chiffres sur le timbre, il n'y a pas contravention. (Sol. du 6 août 1832.)

§ 3. Comme la défense ne s'applique qu'à la face des empreintes, il n'y a pas contravention lorsque le verso des empreintes du timbre est couvert d'écriture ou de traits de plume. (Déc. m. f. du 16 juin 1807.)

**10.** — *Obligation pour les fonctionnaires publics de se servir du papier timbré débité par la régie.* § 1er. La faculté accordée par l'article 7 de la loi du 13 brumaire an VII aux citoyens qui veulent employer d'autre papier que celui fourni par la régie, de le faire timbrer avant l'usage (timbre extraordinaire), est interdite aux notaires, huissiers, etc., et à tous autres officiers ou fonctionnaires publics; ils sont tenus de se servir du papier timbré *débité par la régie*. Les administrations publiques seulement conservent cette faculté. (Loi du 13 brumaire an VII, article 18.)

§ 2. Les notaires et autres officiers publics peuvent, néanmoins, faire *timbrer à l'extraordinaire* du parchemin, lorsqu'ils sont dans le cas d'en employer. (Même texte.) Voir pour les autres exceptions, les nos 29, 36, 41, 46, 53, 63, §§ 19, 68, 77, 78 et 88.

§ 3. Les contraventions à ces dispositions sont punies d'une amende de 20 francs. (Même loi, article 26, n° 3, et loi du 16 juin 1824, article 10.)

**11.** — *Défense de se servir pour les expéditions de papier d'un format inférieur à celui appelé moyen papier.* Les secrétaires des administrations publiques ne peuvent employer, pour les expéditions qu'ils délivrent, des actes retenus en minute et de ceux déposés ou annexés, de papier timbré d'un format inférieur à celui appelé *moyen papier* (dont le prix est fixé à 1 fr. 25 cent. la feuille, par l'arrêté du 9 décembre 1862). Ce prix est aussi celui du timbre du parchemin que l'on veut employer pour expédition, sans égard à la dimension, si, toutefois, elle est au-dessous de celle de ce papier. (Loi du 13 brumaire an VII, article 19.)

Les contraventions à cet article par des officiers et fonctionnaires publics sont punies d'une amende de 10 francs. (Même loi, article 26, n° 4, et loi du 16 juin 1824, article 10.)

**12.** — *Nombre de lignes que doivent contenir les expéditions.*

Les papiers employés à des expéditions délivrées par les secrétaires des administrations publiques ne peuvent contenir, compensation faite d'une feuille à l'autre, savoir :

Plus de 25 lignes par page de moyen papier; plus de 30 lignes par page de grand papier, plus de 35 lignes par page de grand registre. (Loi du 13 brumaire an VII, article 20.)

A peine d'une amende de 5 francs. (Même loi, article 26, n° 2, et loi du 16 juin 1824, article 10.)

**13.** — *Emploi d'un papier timbré ayant déjà servi.* Le papier timbré qui a été employé à un acte quelconque ne peut plus servir pour un autre acte, quand même le premier n'aurait pas été achevé. (Loi du 13 brumaire an VII, article 22.)

Sous peine d'une amende de 20 francs, s'il s'agit d'actes passés par des fonctionnaires publics. (Même loi, article 26, 5°, et loi du 16 juin 1824, article 10.)

**14.** — *Acte à la suite d'un autre sur un même papier timbré.* § 1er. Il ne peut être fait ni expédié deux actes à la suite l'un de l'autre, sur la même feuille de papier timbré. (Loi du 13 brumaire an VII, article 23.)

§ 2. Sont exceptés : 1° les ratifications des actes passés en l'absence des parties, les quittances de prix de ventes et celles de remboursement de contrats de constitution ou d'obligation, les inventaires, procès-verbaux et autres actes qui ne peuvent être consommés dans un même jour et dans la même vacation, les procès-verbaux de reconnaissance et levée de scellés qu'on pourra faire à la suite du procès-verbal d'apposition et les significations des huissiers qui peuvent également être écrites à la suite des jugements et autres pièces dont il est délivré copie. (Même texte.) Voir, pour les autres exceptions, les numéros 29 et 46.

§ 3. Il peut aussi être donné plusieurs quittances sur une même feuille de papier timbré, pour à-compte d'une seule et même créance ou d'un seul terme de fermage ou loyer. (Même texte.) Voir à cette occasion les numéros 65 et 66, relatifs aux états collectifs de solde et de salaires.

§ 4. Toutes autres quittances qui seraient données sur une même feuille de papier timbré, n'auraient pas plus d'effet que si elles étaient sur papier non timbré. (Même texte.)

§ 5. Les contraventions à ces dispositions par des officiers et fonctionnaires publics, sont punies d'une amende de 20 fr. (Même loi, article 26, 5°, et loi du 16 juin 1824, article 10.)

**15.**— *Acte fait ou passé en pays étranger.* Tout acte fait ou passé en pays étranger, ou dans les îles et colonies françaises où le timbre n'aurait pas encore été établi, doit être soumis au timbre avant qu'il puisse en être fait aucun usage, soit dans un acte public, soit dans une déclaration quelconque, soit devant une autorité judiciaire ou administrative. (Loi du 13 brumaire an VII, article 13.)

**16.**— *Acte en conséquence d'un autre rédigé sur papier non timbré.* Il est fait défense aux notaires, huissiers, greffiers, arbitres et experts, d'agir, aux juges, de prononcer aucun jugement, et aux administrations publiques, de rendre aucun arrêté sur un acte, registre ou effet de commerce, non écrit sur papier timbré du timbre prescrit ou non visé pour timbre. Aucun juge ou officier public ne peut non plus coter ou parafer un registre assujetti au timbre, si les feuilles n'en sont timbrées. (Loi du 13 brumaire an VII, article 24.)

Sous peine d'une amende de 20 francs. (Même loi, article 26, 5°, et loi du 16 juin 1824, article 10.)

**17.** — *Acte timbré mentionné dans un autre acte.* Lorsqu'un effet, certificat d'action, titre, livre, bordereau, police d'assurance, ou tout autre acte sujet au timbre et non enregistré, est mentionné dans un acte public, judiciaire ou extra-judiciaire, et ne doit pas être représenté au receveur lors de l'enregistrement de cet acte, l'officier public ou officier ministériel est tenu de déclarer expressément dans l'acte si le titre est revêtu du timbre prescrit, et d'énoncer le montant du droit de timbre payé.

En cas d'omission, les notaires, avoués, greffiers et autres officiers publics, sont passibles d'une amende de 10 francs par chaque contravention. (Loi du 5 juin 1850, article 49.) Une décision du ministre des finances, du 2 février 1853, interprétative de ces dispositions, porte que l'amende prononcée par cet article n'est encourue que dans le cas prévu par l'article 24 de la loi du 13 brumaire an VII, cité au numéro 16 ci-dessus.

**18.** — *Des droits des receveurs de l'enregistrement en matière de timbre.* Les préposés de la régie (receveurs de l'enregistrement et du timbre) sont autorisés à retenir les actes, registres ou effets en contravention à la loi du timbre, qui leur sont présentés, pour les joindre aux procès-verbaux qu'ils en rapporteront, à moins que les contrevenants ne consentent à signer lesdits procès-verbaux ou à acquitter sur-le-champ l'amende encourue et le droit de timbre. (Loi du 13 brumaire an VII, article 31.)

**19.** — *Communication des registres et pièces aux préposés de l'enregistrement.* Les dépositaires des registres de l'état civil, ceux des rôles des contributions, et tous autres fonctionnaires chargés des archives et dépôts des titres publics, le dépôt du contrôle colonial excepté, sont tenus de les communiquer, sans déplacement, aux préposés de l'enregistrement, à toute réquisition, et de leur laisser prendre, sans frais, les renseignements et copies qui leur seront nécessaires à raison de leurs fonctions, à peine d'une amende de 10 francs pour chaque refus constaté par procès-verbal du préposé, qui, dans ce cas, doit se faire accompagner par le maire ou l'adjoint de la commune du lieu, et dresser procès-verbal du refus en sa présence. Les communications ci-dessus autorisées ne peuvent être exigées les dimanches et jours de fêtes légales, et les séances ne peuvent durer plus de quatre heures. (Ordonnance du 31 décembre 1828, articles 70 et 71.)

Les receveurs des communes et des établissements publics sont, en outre, tenus, aux termes du décret du 4 messidor an VII, de communiquer, à toute réquisition, mais sans déplacement, aux employés supérieurs de l'enregistrement, leurs registres et pièces de recette ou de dépense de toute nature concernant l'administration des communes ou établissements, afin que ces agents puissent s'assurer de l'exécution des lois sur l'enregistrement et le timbre. Leur présence chez les receveurs municipaux et hospitaliers est constatée par un visa apposé sur le livre des comptes divers. Ces dispositions ont été consacrées de nouveau par un avis du Conseil d'État du 4 novembre 1851. (I. g. f. article 1328.)

20. — *Avis à donner au service de l'enregistrement.* Les receveurs des communes et des établissements publics doivent eux-mêmes, après avoir adressé à qui de droit les observations nécessaires, signaler au chef du service de l'enregistrement, par l'intermédiaire des receveurs des finances, les omissions ou insuffisances des droits de timbre qu'ils pourraient remarquer dans les pièces ou actes qui leur sont produits. (I. g. f. article 1328, § 3.)

**21.** — *Responsabilité des fonctionnaires quant au payement des droits et amendes en matière de timbre.* Voir le chapitre IV, *De la dépense des droits de timbre*, n[os] 127 à 129.

## CHAPITRE III.

### ACTES SOUMIS OU NON SOUMIS AU TIMBRE.

**22.** — *Actes en général soumis au timbre.* § 1er. Sont assujettis au droit de timbre établi en raison de la dimension, les actes des autorités constituées administratives *qui sont assujettis à l'enregistrement*, et généralement tous actes et écritures, copies, expéditions, extraits, soit publics, soit privés, devant ou pouvant faire titre, ou être produits pour obligation, décharge, justification, demande ou défense. (Loi du 13 brumaire an VII, article 12.)

Demeurent assujettis au timbre et à l'enregistrement sur la minute, conformément aux lois existantes, les actes des établissements publics portant *transmission de propriété*, *d'usufruit* et *de jouissance, adjudications* et *marchés de toute nature*, aux enchères, au rabais ou sur soumissions. (Loi du 15 mai 1818, article 78.)

§ 2. Sont exceptées du droit et de la formalité du timbre, les *minutes* de tous les actes, arrêtés, décisions et délibérations de l'administration publique en général et *de tous établissements publics*, dans tous les cas où aucun de ces actes n'est soumis à l'enregistrement sur la minute. (Loi du 13 brumaire an VII, article 16.)

**23.** — *Acte de bail ou de loyer.* Voir le n° 36, *Bail.*

**24.** — *Acte délivré à une administration publique ou à un fonctionnaire public.* Sont exemptés du droit et de la formalité du timbre, les extraits, copies et expéditions qui s'expédient ou se délivrent à une administration publique ou à un fonctionnaire public dans l'exercice de ses fonctions, lorsque, dans l'acte, il est fait mention de cette destination. (Loi du 13 brumaire an VII, article 16, n° 1, alinéa 2. R. g. e. 287.)

**25.** — *Acte délivré à un établissement public.* § 1er. Les expéditions, copies et extraits d'actes délivrés à un établissement public, sont assujettis au timbre, attendu que l'exemption énoncée dans l'article précédent pour les actes et autres pièces, etc., délivrés à une administration publique ou à un fonctionnaire public, n'a pas été étendue aux établissements publics, et que, toutes les fois qu'il s'agit des *affaires particulières* des communes et des établissements publics, l'assujettissement au timbre a lieu comme pour les affaires des particuliers, et que les copies, extraits, etc., délivrés aux particuliers, sont soumis au timbre par l'article 12 de la loi du 13 brumaire an VII. (D. m. f. 17 octobre 1809. R. g. c. 797.)

§ 2. Il n'y a d'exception que pour les extraits, copies, etc., d'arrêtés d'approbation donnée par l'autorité supérieure. Voir le n° 53, *Arrêté d'approbation*.

**26.** — *Acte délivré à un particulier.* § 1er. Sont assujettis au droit de timbre les *actes* des autorités administratives et des établissements publics qui se délivrent aux citoyens, et toutes les *expéditions et extraits* des actes, arrêtés et délibérations desdites autorités, qui sont délivrés aux citoyens. (Loi du 13 brumaire an VII, article 12, n° 1, § 5.)

§ 2. Aucune expédition d'un acte public ne peut être délivrée aux particuliers que sur papier timbré, si ce n'est à des individus *indigents* et à la charge d'en faire mention dans l'expédition. (Loi du 15 mai 1818, art. 80.)

**27.** — *Acte notarié.* § 1er. Lorsque des actes notariés, tels que ceux d'acquisition, de vente, d'échange, doivent être soumis à l'approbation de l'autorité supérieure, le notaire délivre, à titre de document destiné à l'Administration, une copie sur papier libre au vu de laquelle l'approbation est donnée par un arrêté séparé dont une expédition est annexée à la minute. Cette expédition est également affranchie du timbre. (Circ. m. de l'int. du 6 décembre 1853. D. m. f. 5 novembre 1853. I. g. f. art. 1019.)

§ 2. La copie d'un acte notarié jointe à un mandat de payement doit être sur papier timbré, s'il s'agit du dernier payement fait à l'occasion de cet acte; cette copie n'est pas timbrée s'il ne s'agit que d'un à-compte, mais on doit y mettre la mention indiquée au § 4 du n° 29, *Adjudication*. (I. g. f. art. 1542; R. g. c. 289.)

**28.** — *Acte de l'état civil.* — Voir le n° 63, *État civil.*

**29.** — *Adjudication.* § 1er. Les adjudications de toute nature, aux enchères, au rabais ou sur soumission sont soumises au timbre par l'article 78 de la loi du 15 mai 1818.

§ 2. Les feuilles de papier destinées aux marchés et procès-verbaux d'adjudication peuvent être admises *au visa pour timbre en débet* sous la condition que les adjudicataires acquitteront simultanément les droits de timbre et d'enregistrement. (D. m. f. 19 décembre 1855, I. g. f. art. 1016. R. g. c. 267 et 14287).

§ 3. On peut, sans contravention, rédiger les procès-verbaux d'adjudication à la suite des cahiers des charges, parce que ces actes ne forment ensemble qu'un seul tout par leur connexité et le besoin de recourir constamment au cahier des charges pour les conditions de l'adjudication. (Del. 31 décembre 1817 et 13 décembre 1827. R. g. c. 383).

§ 4. La copie ou l'extrait de cet acte, qui est joint au premier mandat de payement, n'est pas soumis au timbre, mais on doit y mettre la mention que *l'expédition timbrée est retenue par le receveur municipal et qu'elle sera jointe au compte de l'année pendant laquelle l'opération sera terminée.* (D. m. f. 3 octobre 1843 et 18 avril 1846. Inst. de l'enreg. 30 avril 1841. Circ. de la c. g. f. des 24 juillet 1846 et 12 juillet 1855. I. g. f. art. 1542).

§ 5. Les expéditions des procès-verbaux d'adjudication de biens de communes ne peuvent être délivrées au receveur municipal, qui représente le vendeur, et à l'adjudicataire lui-même, que sur papier timbré. (D. m. f. 28 janvier 1832. R. g. c. 286, § 8).

§ 6. Les copies des procès-verbaux d'adjudication délivrées aux adjudicataires doivent être sur papier timbré. Voir le n° 26, *Acte délivré à un particulier*.

**30.** — *Administration publique.* Voir le n° 24, *Acte délivré à une administration publique*.

**31.** — *Affiches.* § 1er. Toutes les affiches, quelqu'en soit l'objet, doivent être faites sur papier timbré. (Loi du 28 avril 1816, art. 65.)

§ 2. Il y a exception pour les affiches annonçant les *foires*, les *fêtes patronales*, car elles doivent être considérées comme tenant à l'ordre public que l'autorité doit maintenir dans les réunions. (D. m. f. 28 mai 1819. I. g. du 31 octobre 1855. R. g. e. 1559, § 4.)

§ 3. Les affiches apposées à la porte des mairies pour annoncer l'ouverture d'écoles libres sont affranchies du timbre, attendu que ces actes, ayant pour objet de donner de la publicité à un acte dressé par le maire dans un but d'utilité générale, rentrent dans la catégorie d'affiches d'actes émanés de *l'autorité publique*. (B. o. m. i. 1858, page 569.)

Il en est de même des affiches apposées pour annoncer la publication des rôles.

§ 4. Les dispositions des lois des 28 juillet 1791, 28 avril 1816, 25 mars 1817 et 15 mai 1818, qui défendent de se servir de papier de couleur blanche, ne sont applicables qu'aux affiches des particuliers.

§ 5. Pour les publications de mariages et autres affiches de l'état civil, voir ce titre, n° 65.

**32.** — *Aliénés.* Voir le n° 75, *Indigents*, § 6.

**33.** — *Arrêté d'approbation.* § 1er. Les communes et les établissements publics ne peuvent acquérir, vendre, conclure des marchés, etc. sans l'approbation de l'autorité supérieure. Les arrêtés du Gouverneur sont pris en minute et il en est délivré des expéditions aux maires ou aux administrateurs des établissements publics. Une décision du Ministre des finances, du 6 février 1856, a déclaré exemptes du timbre les expéditions de l'espèce, comme actes concernant l'ordre public ou dérivant de l'exercice de la tutelle administrative.

§ 2. Ainsi qu'on l'a vu au n° 27, lorsque des actes notariés, tels que ceux d'acquisition, de vente, d'échange, d'acceptation de dons et legs, doivent être soumis à l'approbation de l'autorité supérieure, le notaire délivre, à titre de document destiné à l'administration, une copie sur papier libre au vu de laquelle l'approbation est donnée par un arrêté séparé dont une expédition est annexée à la minute. Cette expédition est également affranchie du timbre. (Circ. du m. de l'Int. du 6 septembre 1853. D. m. f. 5 novembre 1855. I. g. f. art. 1016. R. g. c. 289.)

§ 3. Toutefois, lorsqu'une des parties intervenues au contrat réclame dans un intérêt privé une copie des arrêtés d'approbation qui s'y trouvent annexés, cette copie reçoit le caractère d'une expédition délivrée dans un intérêt non public et doit être écrite sur papier timbré, en vertu de l'article 80 de la loi du 15 mai 1818. (Mêmes textes.)

§ 4. Les copies ou contrats des arrêtés d'approbation qui sont joints aux mandats ne sont pas soumis au timbre. (I. g. f. art. 1542).

**34.** — *Arrêtés relatifs aux comptes de gestion.* Voir le n° 48, *Comptes de gestion.*

**35.** — *Avances faites aux agents comptables des travaux en régie.*

Les mandats d'avances ne sont pas soumis au timbre, pas plus que les quittances délivrées par les agents comptables, mais les pièces justificatives produites pour la régularisation de ces avances doivent être timbrées si elles rentrent sous l'application des lois sur le timbre. (I. g. f. art. 608, 993 et 1014).

Voir, en outre, le n° 38, *Bordereaux justificatifs d'avances.*

**36.** — *Bail.* § 1er. Les baux passés par les communes et établissements publics sont assujettis au timbre par l'article 78 de la loi du 15 mai 1818, ainsi conçu : « demeurent assujettis

« au timbre les actes des établissements publics portant trans-
« mission de propriété, *d'usufruit ou de jouissance.* »

§ 2. Par analogie avec ce qui se pratique pour les marchés (voir le n° 78), les feuilles de papier destinées aux baux peuvent être admises *au visa pour timbre en débet*, sous la condition que le droit de timbre sera acquitté en même temps que celui d'enregistrement, soit par la commune, soit par le bailleur, suivant les conditions du bail.

§ 3. Les copies ou extraits des baux joints aux ordres de recette ou aux mandats de payement ne sont pas soumis au timbre lorsqu'il s'agit de recettes ou de payements faits pendant le cours des baux, mais on doit y mettre la mention indiquée au § 4 de l'article 29, *Adjudications*. (I. g. f. article 1342.)

**37.** — *Bordereau de fournisseur, d'entrepreneur, etc.* § 1er. Sont assujettis au timbre, en conformité des articles 1er et 12 de la loi du 13 brumaire an VII, les mémoires, factures et bordereaux de fournisseur, d'entrepreneur, d'avoué, de médecin, etc., qui doivent, conformément aux règlements, être toujours mis à l'appui des mandats délivrés pour le payement du prix d'honoraires, de fournitures ou de travaux. (Circ. m. i. 15 septembre 1808. D. m. f. 8 août 1818 et 24 mai 1819.)

§ 2. Toutefois, les ordonnateurs de dépenses peuvent, pour celles non excédant 10 francs, dispenser les créanciers de produire une facture ou un mémoire timbré, mais alors le détail des fournitures doit être énoncé dans le corps des mandats. A défaut de cette énonciation, la facture timbrée est obligatoire. (D. m. f. 8 août, 24 mai 1819 et 30 décembre 1834. I. g. f. art. 1013.)

§ 3. Lorsque le détail des fournitures ne peut être énoncé dans le corps des mandats, les mémoires et factures doivent être donnés sous forme de *quittances*, attendu qu'aucune disposition n'affranchit du timbre les factures, à quelque somme qu'elles s'élèvent. (Principe rappelé par la dépêche du ministre de la marine en date du 16 mars 1861.)

38.— *Bordereau énonciatif de pièces produites pour la justification d'avances.* Ces bordereaux ne sont pas soumis au timbre, mais les justifications produites à l'appui pour la régularisation des avances doivent être timbrées si elles rentrent sous l'application des lois sur le timbre. (D. m. f. 19 novembre 1842. I. g. f. art. 1342, p. 623. R. g. e. 3983.)

Voir, en outre, le n° 33, *Avances, etc.*

39 — *Bordereau de remises.* Voir le n° 86, *Remises.*

40.— *Bureau de bienfaisance.* § 1er. Les bureaux de bienfaisance sont des établissements publics. (R. g. e. 5822.) Voir, en conséquence, le n° 60, qui a rapport à ces établissements.

§ 2. Les registres des bureaux de bienfaisance tenus pour les actes d'administration temporelle et extérieure sont soumis au timbre. (D. m. f. 21 janvier 1820. R. g. e. 10546.)

§ 3. Il n'y a exception que pour les registres tenus *pour ordre.* (Loi du 13 brumaire an VII, art. 16, n° 2.)

41.— *Cahier des charges.* § 1er. Les originaux des cahiers des charges établis dans l'intérêt des communes et des établissements publics, revêtus de l'approbation de l'autorité supérieure et considérés isolément des procès-verbaux d'adjudication, ne sont sujets par eux-mêmes, comme actes administratifs, ni au timbre, ni à l'enregistrement. (D. m. f. 28 janvier 1832. R. g. e. 2322.)

§ 2. Mais la copie de ce document, qui est jointe au procès-verbal d'adjudication ou à la minute d'un marché, devenant partie intégrante de la minute du contrat, doit être écrite sur papier timbré ou sur papier visé en débet. (D. m. f. 28 janvier 1832.) Voir, en outre, le § 2 du n° 29, *Adjudications.*

§ 3. Le § 4 de l'article 29, *Adjudications,* est également

applicable aux copies des cahiers des charges jointes aux mandats de payement. (T. g. f. art. 1542.)

§ 4. Il en est de même des expéditions, copies ou extraits délivrés aux parties. (Loi du 15 mai 1818, art. 80.)

**42.** — *Cautionnements.* § 1er. Les pièces relatives aux cautionnements sont soumises au timbre par l'article 78 de la loi du 15 mai 1818, qui assujettit à cette formalité les *cautionnements* relatifs aux actes des établissements publics portant transmission de propriété, d'usufruit, de jouissance, etc., et aux marchés de toute nature, aux enchères, au rabais ou sur soumission.

§ 2. Les certificats de dépôt de cautionnement exigés par l'autorité administrative de tout soumissionnaire pour être mis à l'appui des premiers mandats de payement, sont exempts du timbre. (Sol. 15 mai 1836. T. g. f. art. 1542, p. 625. R g. e. 5964, § 2.)

§ 3. Les certificats d'opposition et de non opposition délivrés aux comptables et aux entrepreneurs qui demandent le remboursement de leur cautionnement sont sujets au timbre. (D. m. f. 24 novembre 1820. R. g. e. 2489.)

§ 4. Les certificats administratifs délivrés aux comptables pour le remboursement de leur cautionnement sont dispensés du timbre par l'ordonnance du 22 mai 1825. (R. g. e. 2515.)

§ 5. Pour les arrêtés de main-levée, voir le n° 26, *Acte délivré à un particulier,* et le n° 23, *Arrêté d'approbation.*

§ 6. Voir le n° 53, *Dépôt de garantie pour travaux.*

§ 7. Voir aussi le n° 48, *Compte de gestion.*

**43.** — *Certificats.* § 1er. Les certificats étant généralement produits pour obligation, décharge, justification, demande ou défense, sont soumis au timbre par l'article 12 de la loi du 13 brumaire an VII.

Bonnes vie et mœurs.

§ 2. Les certificats de bonnes vie et mœurs devant faire titre aux parties, sont assujettis au timbre par l'article 12 de la loi citée plus haut. (J. e. 2977. R. g. e. 2486.) Voir le n° 59, *Enfant trouvé.*

Capacité.

§ 3. Les certificats de capacité qui sont exigés des soumissionnaires de travaux, n'étant que des mesures d'ordre prises pour évincer les entrepreneurs incapables, sont exempts du timbre. (Sol. du 5 mars 1836. R. g. e. 5964.)

Cautionnements.

§ 4. Voir ce titre, n° 42.

Dégrèvements.

§ 5. Les certificats fournis à l'appui des demandes en dégrèvement ne peuvent être mis à la suite de pétitions. (J. e. 1690. R. g. e. 593 et 2521.)

Engagements militaires.

§ 6. Voir ce titre, n° 58.

Enfants trouvés.

§ 7. Voir ce titre, n° 59.

État civil.

§ 8. Voir ce titre, n° 63.

Immatriculation.

§ 9. Les certificats d'immatriculation délivrés par les maires sont dispensés du timbre. (Avis donné par M. le Chef du service de l'enregistrement.)

Indigence.

§ 10. Les certificats d'indigence sont dispensés du timbre par l'article 16 de la loi du 13 brumaire an VII.

Maladie.

§ 11. Les certificats de maladie produits par des employés

étant destinés à servir de justification, doivent être écrits sur papier timbré. (Del. 25 novembre 1837. R. g. e. 2505.)

Pensions.

§ 12. Les certificats que les employés des divers services doivent fournir pour constater la durée de leurs services, à l'appui des demandes en liquidation de retraite, sont sujets au timbre. (R. g. e. 2509.)

Provenance.

§ 13. Les certificats de provenance de charbon, de café et autres marchandises sont exempts du timbre. (R. g. e. 2507.)

Propriété.

§ 14. Ces certificats devant faire titre aux parties sont assujettis au timbre. (J. e. 14489. R. g. e. 2527.)

Quitus.

§ 15. Voir le n° 42, *Cautionnement*.

Sapeurs-pompiers.

§ 15 *bis*. Voir ce titre, n° 100.

Travaux.

§ 16. Les certificats délivrés par des voyers ou des gens de l'art pour constater soit la situation, soit la réception provisoire, soit la réception définitive des travaux, afin que les entrepreneurs puissent recevoir des à-comptes ou leur payement intégral, sont soumis au timbre. (D. m. f. 22 octobre 1854, 17 janvier 1855 et 19 mai 1855.)

Vie.

§ 17 *a*. Les certificats de vie sont soumis au timbre, attendu qu'ils sont produits pour justification ou sont destinés à faire titre, et que les pièces de cette catégorie sont assujetties à la formalité par l'article 12 de la loi du 13 brumaire an VII.

*b*. Sont cependant exempts du timbre les certificats de vie délivrés pour le payement de secours à des indigents, *mais il faut que l'indigence des parties soit constatée dans les certificats.* (Application d'une d. m. i. du 31 décembre 1827 basée sur l'article 16 de la loi du 13 brumaire an VII.)

Voir aussi le n° 69, *Enfants trouvés*, § 1er.

44. — *Chambre de commerce.* Les chambres de commerce, à raison de l'objet de leur institution toute d'utilité générale et de leurs attributions, sont considérées comme établissements publics. (R. g. e. 5824.)

On trouvera aux différents articles de ce recueil, et principalement au n° 60, les dispositions qui régissent les actes des chambres de commerce considérées comme établissements publics.

45. — *Chemins vicinaux.* § 1er. En règle générale, des pièces justificatives des dépenses des chemins vicinaux sont soumises au droit et à la formalité du timbre.

Acquisition de gré à gré.

§ 2 Voir les nos 50, *Contrat d'achat ou de vente;* 53, *Arrêtés d'approbation*; 74, *Hypothèques*.

Agents voyers.

§ 3. Lorsqu'il est alloué aux agents voyers par les communes une quotité quelconque sur le prix des travaux pour salaires de leur surveillance, les quittances qu'ils donnent de cette quotité sont assujetties au timbre toutes les fois qu'elles excèdent 10 francs, car il s'agit ici d'honoraires et non d'un traitement. (R. g. e. 2703.)

Cantonniers.

§ 4 *a.* Les quittances de traitement des cantonniers sont sujettes au timbre, lorsque le traitement de chacun d'eux excède 300 francs par an. (D. m. f. 18 décembre 1843. R. g. e. 2704.)

*b.* Mais il faut distinguer du traitement d'un cantonnier les sommes qui lui sont allouées pour travaux temporaires sur un chemin ; dans ce dernier cas, toutes les fois que la quittance excède 10 francs, le droit de timbre est exigible, bien que les sommes ainsi payées ne s'élèvent pas à 300 francs, en les réunissant. (J. e. 15514. R. g. e. 2704.)

Certificat de payement.

§ 5. Voir le n° 43, *Certificat*, § 16.

Expropriation pour cause d'utilité publique.

§ 6. Voir ce titre, n° 68.

Extraction de matériaux. — Dépôts ou enlèvements de terre. — Occupation temporaire de terrains.

§ 7. Sont soumis au timbre : 1° la copie ou l'extrait de la convention à l'amiable entre le maire et le propriétaire ; 2° la quittance du propriétaire.

Sont exempts du timbre : l'arrêté d'autorisation d'achat donnée par le Gouverneur et l'arrêté qui fixe le montant de l'indemnité. (I. g. f. 1542, § 14.)

Hypothèques.

§ 8. Voir ce titre, n° 74.

Indemnité pour dommages.

§ 9 *a*. Sont exempts du timbre : 1° le procès-verbal d'expertise rédigé par des agents administratifs, *si l'indemnité est réglée à l'amiable ;* 2° la décision du Gouverneur qui fixe la somme à payer ; 3° la convention passée entre le propriétaire et le Directeur de l'Intérieur.

*b*. Sont soumis au timbre : 1° le procès-verbal d'expertise dressé par des agents qui n'appartiennent pas à l'Administration ; 2° la copie ou l'extrait de la décision du juge de paix rendue sur le rapport des experts et, *si l'indemnité est fixée par justice ou par voie arbitrale*, l'expédition du jugement ou de la déclaration arbitrale. (R. g. e. 2711.)

Intérêt du prix des acquisitions ou des indemnités.

§ 10. Toutes les pièces sont exemptes du timbre. (R. g. e. 2713.)

Loyers de magasins, bâtiments, terrains.

§ 11. Voir le n° 36, *Bail*, et le n° 80, *Mémoire*.

Prestations.

§ 12. Les prestations destinées aux chemins vicinaux constituant un impôt direct aux termes de la loi du 28 juillet 1824, les rôles dressés pour le recouvrement de ces prestations et les quittances y relatives sont exempts de timbre. (R. g. e. 5992, § 3.)

Poursuites.

§ 13. Voir le n° 72, *Frais de poursuites*, et le n° 89, *Poursuites*.

Salaires des experts.

§ 14. Sont soumis au timbre : 1° l'état des journées de travail des experts ; 2° la quittance sur le mandat. Le timbre n'est pas exigible si les experts sont des agents de l'Administration. (R. g. e. 2717.)

Salaires des ouvriers.

§ 15. Voir le n° 63, *État de journées*.

Salaires des surveillants.

§ 16. Même règle que pour les cantonniers, lorsque les surveillants ne sont pas rétribués à l'année. (R. g. e. 2718.)

Secours à des ouvriers blessés.

§ 17. Toutes les pièces sont exemptes du timbre. (R. g. e. 2719.)

Subventions.

§ 18. Voir le n° 101, *Secours*.

Travaux à l'entreprise.

§ 19. Voir ce titre, n° 109.

Travaux en régie.

§ 20. Voir ce titre, n° 110.

**46.** — *Commission d'employé.* § 1er. Les commissions d'employés sont assujetties au timbre par l'article 12 de la loi du

13 brumaire an VII, qui soumet à cette formalité tous les actes, écritures, copies et expéditions pouvant faire titre. (D. m. f. 22 brumaire an VII et 15 septembre 1807. R. g. e. 3005.)

§ 2. Les administrations ne pouvant, à cause du défaut de fonds, faire l'avance des droits de timbre des commissions qu'elles expédient, sont autorisées à les rédiger sur papier libre. Mais ces commissions ne peuvent être remises aux employés qu'après avoir été revêtues du *timbre extraordinaire*. (D. m. f. 18 thermidor an IX. R. g. e. 3000 et 3005.)

§ 3. Les commissions des gardes champêtres des communes et des particuliers peuvent être écrites sur papier non timbré, mais elle doivent contenir en marge l'avis qu'elles ne seront délivrées qu'après avoir été revêtues soit *du timbre extraordinaire*, soit du *visa pour timbre*, et à la charge, en outre, par les maires, de ne délivrer ces commissions que lorsqu'elles auront reçu la formalité avec le payement du droit dans les bureaux du chef-lieu ou du canton. (D. m. f. 20 juin 1828 et 17 novembre 1831.)

§ 4. La prestation de serment des employés peut être mentionnée sur leur commission, sans contravention au timbre, mais la minute du procès-verbal de prestation de serment doit être rédigée sur feuille séparée.

§ 5. On peut mettre sur la même feuille la présentation d'un garde champêtre, son approbation et la prestation de serment, trois choses qui constituent un seul acte qui ne peut être consommé dans le même jour. (Cass. 3 vend. an IX. R. g. e. 435.)

47. — *Compte définitif de travaux.* Voir le n° 52, *Décompte de travaux.*

48. — *Compte de gestion de comptable.*

Compte.

§ 1er. La minute destinée au comptable des comptes rendus

par les receveurs et trésoriers des communes et des établissements publics est assujettie au timbre par l'article 12 (n° 1, § 7) combiné avec l'article 16 (n° 1, § 4) de la loi du 13 brumaire an VII. (I. g. f., art. 1550. R. g. e. 5966.)

§ 2. Ce document peut être *visé à l'extraordinaire*, et ne doit être remis aux comptables, pour l'établissement de leur compte, qu'après l'accomplissement de cette formalité. (D. m. f. 14 mai 1819 et 14 août 1823. R. g. e. 5966. I. g. f. 1302.) Voir, en outre, le n° 116 du chapitre IV *De la dépense des droits de timbre*.

§ 3. Les autres expéditions de ce document sont affranchies du timbre par l'article 16 (n° 1, § 4) de la loi du 13 brumaire an VII.

§ 4. Lorsqu'un receveur municipal rend compte, pour la première fois, de sa gestion, il doit produire des copies certifiées de l'arrêté de sa nomination, du certificat d'inscription de son cautionnement et de l'acte de sa prestation de serment : ces pièces n'étant produites que pour l'ordre de la comptabilité et dans le but de justifier de l'accomplissement des formalités prescrites aux comptables, sont exemptes du timbre. (Sol. 10 mai 1843. R. g. e. 5968.)

§ 5 *a*. Si les cadres des comptes communaux sont imprimés de manière à présenter une *feuille d'enveloppe*, cette feuille, comme ne faisant point partie intégrante du compte et n'étant destinée à aucune écriture, est exempte de la formalité. (D. m. f. 30 août 1826.)

*b*. Mais cette exception ne peut être étendue à la feuille d'enveloppe qui recevrait *l'arrêté de règlement du Conseil privé*. Cet arrêté complète le compte présenté, en fait partie intégrante, et ne saurait en être retranché sans lui faire perdre son caractère de compte arrêté et définitif. (D. m. f. 1er avril 1843. R. g. e. 5966.)

Arrêté portant règlement de compte.

§ 6. Les expéditions et extraits des arrêtés du Conseil privé

portant règlement des comptes des receveurs des communes et des établissements publics sont affranchis du timbre lorsque la notification de ces expéditions ou extraits est faite *administrativement* à ces comptables. (Décisions des 12 septembre 1823, 5 octobre 1824, 16 novembre 1825, 17 juin 1826, 16 novembre 1827.) Les motifs de ces décisions ont été qu'aucune loi n'a imposé l'obligation à ces justiciables de lever expédition de ces arrêtés dont la minute est exempte du timbre aux termes de l'article 16, n° 1, de la loi du 13 brumaire an VII. (R. g. c. 287, §§ 3 et 4.)

§ 7. Mais la raison de ces décisions cesse si les comptables demandent eux-mêmes une seconde expédition, et le droit de timbre devient alors exigible. (D. m. f. 17 septembre 1832. R. g. e. 287, § 3.)

**49.** — *Commune.* En matière de timbre, les communes sont assimilées aux établissements publics. Voir, en conséquence, ce titre, n° 60.

**50.** — *Contrat d'achat ou de vente.*

§ 1er. Les contrats d'achat ou de vente sont soumis au timbre par l'article 78 de la loi du 15 mai 1818.

§ 2. Les copies de ces contrats qui sont jointes à l'appui des ordres de recette ou des mandats de payement sont soumises au timbre, à moins qu'il ne s'agisse de justifier une recette ou une dépense provisoire, auquel cas les copies sont exemptes du timbre, mais à la condition qu'elles portent la mention expresse que *l'expédition en forme et timbrée est retenue par le receveur afin de suivre l'opération et qu'elle sera jointe au compte de l'année pendant laquelle l'opération sera terminée.* (D. m. des 5 octobre 1843 et 18 avril 1846, inst. de l'ad. de l'en. du 30 avril 1846, c. de la c. g. des 24 juillet 1846 et 12 juillet 1853. I. g. f. art. 1342.)

**50** *bis.* — *Contrat d'engagement.* Les contrats d'engagement devant faire titre pour les parties, sont soumis au timbre par l'article 12 de la loi du 13 brumaire an VII.

51. — *Décompte de remises de comptable.*
Voir le n° 96, *Remises.*

52. — *Décompte de travaux.* La copie du décompte général des travaux à l'entreprise, jointe au mandat de payement, est soumise au timbre. (I. g. f., article 1542, § 59.)

52 *bis.* — *Délibération.* § 1er. Sont exemptés du droit et de la formalité du timbre les délibérations des communes et établissements publics et les extraits, copies et expéditions de ces délibérations qui se délivrent à une administration publique ou à un fonctionnaire public. (Loi du 13 brumaire an VII, article 16.)

§ 2. Sont soumis au timbre les expéditions, extraits et copies des délibérations délivrés aux particuliers ou aux établissements publics dans leur intérêt privé. (Loi du 13 brumaire an VII, article 12. Voir le n° 60, *Établissements publics.*)

53. — *Dépôt de garantie par les soumissionnaires de fournitures ou de travaux.*

§ 1er. Les récépissés y relatifs sont soumis au timbre. (Annexes à l'i. g. f. du 20 juin 1859, page 630.)

§ 2. Les certificats délivrés par le président d'une adjudication pour constater que les parties n'ont pas été déclarées adjudicataires sont soumis au timbre. Mais si ces certificats sont mis au dos des récépissés délivrés par les comptables lors du versement des dépôts, ces récépissés étant déjà timbrés, il n'est pas nécessaire de soumettre de nouveau ces certificats à la formalité du timbre. (I. g. f. article 1542.)
Voir, en outre, le n° 42, *Cautionnement.*

54. — *Dépôt de somme.* Les actes auxquels donnent lieu les

dépôts de sommes effectués à la caisse des receveurs des hospices par des personnes admises dans ces établissements sont exempts de timbre. (D. m. f. 11 septembre 1849. R. g. c. 5975.)

55. — *Devis et détail estimatifs.* § 1er. Ces pièces, qui sont assujetties au timbre par l'article 12 de la loi du 13 brumaire an VII, peuvent n'être présentées au *visa pour timbre* ou au *timbre extraordinaire* qu'après l'approbation de l'autorité supérieure, sauf le payement de l'amende, s'il était procédé à l'adjudication des travaux avant que les plans et devis eussent été timbrés. (D. m. f. 8 février 1850 et 8 juin 1852. I. g. f. article 1016.)

§ 2. Les expéditions de ces documents délivrées aux adjudicataires ou aux particuliers doivent être écrites sur papier timbré. (D. m. f. 3 messidor an X. R. g. c. 286, § 2.)

§ 3. Les expéditions de ces documents mises à l'appui des mandats de payement doivent être timbrées. (I. g. f. article 1542.)

§. 4. Voir en outre le n° 64, *État estimatif.*

56. — *Droit de place, d'abattoir, etc.* § 1er. Les livres à souche sur lesquels est enregistrée la recette des droits de place, d'abattoir, de pesage, etc., perçus aux marchés, abattoirs, etc., par des receveurs spéciaux, sont exempts de la formalité du timbre, ainsi que les récépissés du versement de ces recettes par les receveurs spéciaux entre les mains du receveur municipal, mais les quittances délivrées *aux parties* par les *receveurs spéciaux* doivent être écrites sur papier timbré lorsqu'elles ont pour objet le payement de taxes excédant 10 francs, et ces préposés doivent tenir à cet effet un registre de quittances timbrées. (D. m. f. 20 février 1860. B. o. m. i. 1860, p. 176.)

§ 2. Voir, à la fin du recueil, l'instruction pour la délivrance des quittances timbrées.

**56.** — *Duplicata.* Le duplicata de toute pièce, acte, titre soumis au timbre ne peut être donné que sur papier timbré. (R. g. e. 5158.)

**57.** — *Emprunt.* § 1er. Les titres d'obligation souscrits par les communes et les établissements publics, sous quelque dénomination que ce soit, dont la cession, pour être parfaite à l'égard des tiers, n'est pas soumise aux dispositions de l'article 1690 du Code civil, sont assujettis au *timbre proportionnel.* (Loi du 5 juin 1850, art. 27.)

§ 2. Les titres sont tirés d'un registre à souche. Le dépositaire du registre est tenu de le communiquer aux préposés de l'enregistrement, selon le mode prescrit par les articles 70 et 71 de l'ordonnance du 31 décembre 1828, cités au n° 19. (Même loi, art. 28.)

§ 3. Toute contravention à ces dispositions est passible, contre les communes ou établissements publics, d'une amende de 10 p. 0/0 du montant du titre. (Même loi, art. 29.)

§ 4. Voir le Chapitre IV *De la dépense des droits de timbre*, n° 112.

**58** — *Engagement volontaire.* § 1er. Les engagements, enrôlements et autres pièces ou écritures concernant les gens de guerre, tant pour le service de terre que pour le service de mer, sont exemptés du timbre par l'article 16 de la loi du 13 brumaire an VII.

§ 2. D'après une décision du ministre des finances en date du 6 août 1818, les certificats produits pour les enrôlements volontaires et les expéditions de l'état civil nécessaires à l'engagé, peuvent être délivrés sur papier non timbré, à la charge par les officiers publics et les maires de faire mention de la destination sur chaque expédition ou certificat. (R. g. e. 5757.)

§ 3. Il faut remarquer que l'exception ne s'applique qu'aux engagements contractés pour le service de l'État. Il faut donc faire l'application ordinaire des droits de timbre à tous les engagements qui ne se rapportent qu'à la marine marchande. (R. g. e. 5757.)

59. — *Enfant trouvé.* § 1er. Les extraits de l'état civil délivrés par les maires pour faire admettre à l'hospice des enfants trouvés sont exempts du timbre, soit qu'ils soient transmis directement au Directeur de l'Intérieur par les maires, soit qu'on les remette aux commissions administratives des hospices chargées d'en faire la production. (D. m. f. 5 février 1856.)

§ 2. Les certificats constatant que les nourrices destinées aux enfants trouvés sont de bonnes vie et mœurs, sont exempts du timbre, attendu que ces pièces sont délivrées dans l'intérêt d'enfants indigents. (D. m. f. 25 juin 1844.)

§ 3. Les certificats de vie délivrés par les maires pour être joints à l'appui des mandats de payement des mois de nourrice ou des pensions des enfants trouvés sont exempts du timbre. (D. m. f. 26 janvier 1852.)

§ 4. Voir en outre les nos 91 et 92, *Quittances*.

60. — *Établissement public.* § 1er. Les établissements publics sont des communautés formées dans un but d'utilité matérielle ou morale, constituées, reconnues et personnifiées par la loi ou par l'autorité publique.

Sont reconnus établissements publics :

Les bureaux de bienfaisance,
Les chambres d'agriculture,
Les chambres de commerce,
Les fabriques,
Les hospices.

§ 2. Les règles générales relatives au timbre sont les mêmes pour les établissements publics que pour les communes.

§ 3. Les communes et les établissements publics sont, relativement à l'État, comme des individus, et ils doivent supporter toutes les charges publiques auxquelles les citoyens sont assujettis. Telle est la règle générale. Il ne peut y avoir d'exceptions que celles qui sont expressément établies par la loi ou par des règlements. Par la même raison, les communes ne doivent pas être tenues d'acquitter les droits que ne payent pas les citoyens individuellement. Il doit y avoir parité dans l'un comme dans l'autre cas. Toutes les fois qu'il s'agit des affaires particulières des administrations des communes et des établissements publics, l'assujettissement a lieu comme pour celles des particuliers. (D. m. f. 17 octobre 18[illegible]. [illegible] c. 3200.)

Ce principe s'applique à [illegible]nistration des biens des communes; mais il n'en est plus de même s'il s'agit d'actes de police ou relatifs à l'administration publique en général. Ces actes ne sont plus des actes d'administration communale, des actes dans l'intérêt privé de la commune : ce sont des *actes administratifs* proprement dits, des actes de *l'autorité publique* qui sont exemptés du timbre par l'article 16, n° 1, de la loi du 13 brumaire an VII [illegible] l'article 80 de la loi du 15 mai 1818, toutes les fois qu'ils ne sont pas assujettis à l'enregistrement ou qu'ils ne sont pas délivrés à des particuliers. (R. g. c. 3200.)

§ 4. On trouvera aux différents articles de ce recueil les dispositions qui régissent chaque nature d'acte.

**61.** — *État signifiant Gouvernement* (1). Le timbre des quittances fournies à l'État ou délivrées en son nom est à la charge des particuliers qui les donnent ou les reçoivent. Il en est de même pour tous autres actes entre l'État et les citoyens. (Loi du 13 brumaire an VII, art. 78.)

**62.** — *État pris pour mémoire détaillé, dénombrement de*

(1) L'impôt du timbre étant perçu dans les colonies au profit du Service local, il s'ensuit que toutes les dispositions législatives qui affranchissent l'État du payement des droits de timbre sont applicables au Service local.

*divers objets*. Les états, lorsqu'ils sont régulièrement dressés et de nature à faire titre ou à être produits pour justification, demande, défense, obligation ou décharge, sont assujettis au timbre, par application de l'article 12 de la loi du 13 brumaire an VII.

**63.** — *Etat civil*. § 1er. L'assujettissement au timbre des actes de l'état civil résulte des dispositions de l'article 12 de la loi du 13 brumaire an VII, qui soumet à cette formalité tous actes et écritures, soit publics, soit privés, devant ou pouvant faire titre.

Acte passé à l'étranger.

§ 2. Les actes de l'état civil reçus en pays étranger devant, aux termes des articles 1er et 13 de la loi du 13 brumaire an VII, être timbrés avant d'être employés sur le territoire français, l'officier de l'etat civil auquel on représente des actes semblables doit exiger, avant de les recevoir, qu'ils soient *visés pour timbre*.

Acte reçu par un curé ou desservant.

§ 3. Les actes de baptême, mariage et décès, faits par les ministres du culte, n'ayant pas pour objet de constater l'état civil, ne sont pas sujets au timbre. Voir le § 14. (R. g. c. 465.

Administration publique.

§ 4. Voir le n° 24, *Acte délivré à une administration publique*.

Affiches de publication.

§ 5 *a*. Les affiches de publications de promesses de mariage sont, aux termes de la loi du 13 brumaire an VII, articles 1er et 12, assujettis au timbre, attendu qu'elles appartiennent à la classe des actes qui peuvent faire titre à des particuliers. (D. m. f. 6 nivôse an VII et 13 fructidor an X.)

*b*. Ces affiches peuvent être écrites sur du papier timbré de toute dimension. (J. c. 5333.)

*c*. Les officiers de l'état civil ne peuvent, sans contravention à l'article 23 de la loi du 13 brumaire an VII, réunir dans une même affiche et sur la même feuille de papier plusieurs publications de mariage. (I. c. 4316. R. g. c. 480.)

*d.* Les certificats d'apposition d'affiches qui se délivrent aux parties résidant dans une autre commune que celle où les affiches ont été apposées, peuvent être écrits sur du papier de petite dimension; mais si ces certificats renferment *la copie littérale* des publications de promesses de mariage, ils doivent, dans ce cas, être faits sur du papier d'expédition (1 fr. 25), attendu qu'ils sont alors de véritables extraits. (D. m. f. 27 octobre 1807.)

Annexes.

§ 6. Les maires ne peuvent annexer aux actes de l'état civil aucun acte, même passé en pays étranger, sans qu'il ait été, préalablement à cette annexe, revêtu de la formalité du timbre, s'il n'en est exempt par sa nature. (Loi du 13 brumaire an VII, art. 13.)

Certificat de non inscription sur les registres.

§ 7. Les certificats que les officiers de l'état civil peuvent délivrer pour constater la non inscription sur les registres d'actes de naissance, mariage ou décès, *devant servir à tenir lieu des extraits* de ces registres sont sujets au timbre. (R. g. c. 468.)

Certificat d'absence de registres.

§ 8. Il en est de même des certificats destinés à constater l'absence de registres de l'état civil. (R. g. c. 468.)

Certificat d'opposition d'affiches.

§ 9. Voir ci-dessus : Affiches de publication.

Certificat de mariage civil.

§ 10. Les certificats que les officiers de l'état civil délivrent aux parties pour justifier auprès des ministres du culte la célébration du mariage civil sont soumis au timbre. (D. m. f. 27 avril 1839. C. m. j. 5 août 1848.)

Certificats concernant les militaires.

§ 11. Les maires peuvent délivrer sur papier libre les certificats attestant les nom, prénoms, date et lieu de naissance des militaires qui en ont besoin pour le service des registres matricules de leur corps, en ayant soin de faire mention dans ces certificats de leur destination. (D. m. f. 17 décembre 1819.)

Certificat du notaire rédacteur du contrat de mariage.

§ 12. Suivant l'addition faite à l'article 1394 du Code Napoléon par la loi du 10 juillet 1850, le notaire rédacteur du contrat de mariage doit délivrer sans frais aux parties, au moment de la signature du contrat, un certificat énonçant ses nom et résidence, les noms, prénoms, qualités et demeures des futurs ainsi que la date du contrat : ce certificat, à raison de sa destination spéciale, est exempté du timbre par ladite loi du 10 juillet 1850.

Certificat de non opposition.

§ 13. Les certificats de non opposition au mariage, délivrés par l'officier de l'état civil, sont sujets au timbre. (J. e. 1589 et 1604. R. g. e. 487.)

Copie délivrée par un curé.

§ 14. La copie d'un acte d'opposition à la bénédiction nuptiale peut être délivrée sur une demi-feuille de petit papier timbré. (R. g. e. 489.)

Dispense du service.

§ 15. Les expéditions des actes de l'état civil et les certificats qui sont délivrés par les maires aux jeunes gens qui réclament l'exemption du service militaire, sont affranchies du timbre, à la charge par les maires de faire mention de la destination sur chaque exemption ou certificat. (D. m. f. 5 septembre 1818. R. g. e. 474.)

Électeurs.

§ 16. Les extraits de naissance nécessaires pour établir l'âge des électeurs pour l'exercice du droit d'élection sont exempts du timbre, mais il faut qu'il y soit fait mention de cette destination. (Del. 10 mars 1848. J. e. 14459. R. g. e. 5525.)

Enfant trouvé.

§ 17. Les extraits des actes de l'état civil délivrés par les maires pour faire admettre à l'hospice les enfants trouvés sont exempts du timbre. (D. m. f. 5 février 1836.)

Enrôlements volontaires.

§ 18. Voir le n° 58, *Engagements volontaires*, § 2.

Expédition et extrait des registres de l'état civil.

§ 19 *a*. Les expéditions et extraits des registres de l'état civil sont assujettis au timbre par l'article 12 de la loi du 13 brumaire an VII, qui soumet à cette formalité toutes les expéditions et extraits soit publics, soit privés, devant faire titre aux parties, ainsi que tous les actes qui sont délivrés aux citoyens.

*b*. Lorsque, pour la commodité du service, on se sert d'imprimés pour faire des expéditions de l'état civil, on peut employer du papier de *petit format*, pourvu, toutefois, qu'il ait été timbré à raison de 1 fr. 25 cent. comme papier destiné aux expéditions, en évitant que l'imprimeur ne se serve de petits caractères qui diminueraient le nombre des feuilles contre la disposition de l'article 20 de la loi du 13 brumaire an VII. (Voir n° 12.) (D. m. f. 12 pluviôse an VII. R. g. e. 467, n° 1.)

Établissement public.

§ 20 *a*. Les copies, expéditions et extraits des actes de l'état civil, qui sont délivrés à une *administration publique* ou à un *fonctionnaire public*, lorsqu'il y est fait mention de cette destination, sont affranchis du timbre par l'article 16 de la loi du 13 brumaire an VII.

*b*. Mais l'expédition d'un acte de l'état civil, délivrée à un *établissement public*, dans son intérêt, est sujette au timbre. C'est ce qui a été décidé par un arrêt de la Cour de cassation du 6 novembre 1832 énonçant que l'expédition d'un acte délivrée au trésorier d'une fabrique, dans l'intérêt de cette fabrique, doit être rédigée sur papier timbré, parce que, un trésorier de fabrique n'étant pas un fonctionnaire public et une fabrique n'étant pas une administration publique, l'article 16 de la loi du 13 brumaire an VII ne peut être appliqué dans ce cas. (J. e. 10497. R. g. e. 476 et 887.)

Fonctionnaire public.

§ 21. Voir le n° 24, *Acte délivré à une administration publique* et le n° 71, *Fonctionnaire public.*

Gendarmerie.

§ 22. Sont exemptes du timbre les expéditions des actes de naissance délivrées aux gendarmes pour être admis au serment, ou à des militaires qui demandent à être reçus dans la gendarmerie; mais il doit être fait mention dans ces expéditions de l'usage auquel elles sont destinées. (D. m. f. 8 mars 1836. R. g. e. 475.)

Indigents.

§ 23 *a*. Les extraits des registres de l'état civil dont la production est nécessaire au mariage des indigents, à la légitimation de leurs enfants naturels, et au retrait des enfants déposés dans les hospices sont exemptés du timbre par l'article 80 de la loi du 15 mai 1818. (Loi du 10 décembre 1850, article 4.)

*b*. Il en est même des publications civiles et des certificats constatant la célébration civile du mariage, qui doivent être remis aux ministres des cultes. (Même texte.)

*c*. Mais pour être admises au bénéfice des dispositions citées dans les deux paragraphes précédents, les parties doivent justifier d'un certificat d'indigence. (Même texte.)

*d*. Il doit être fait mention expresse dans les actes, extraits, copies ou expéditions qu'ils sont destinés à servir à la célébration d'un mariage entre indigents, à la légitimation de leurs enfants ou au retrait de ces enfants déposés dans les hospices. (Même loi, article 7.)

*e*. Suivant l'article 7 de la loi du 10 décembre 1850, ces pièces ne peuvent servir à d'autres fins, sous peine de 25 francs d'amende contre ceux qui en auraient fait usage ou qui les auraient indûment délivrées ou reçues. (R. g. e. 469.)

*f*. Enfin l'article 9 de la même loi, qui a été promulguée à la Guadeloupe par arrêté du 10 février 1851, étend l'application de ces dispositions au mariage entre un français ou une française et un étranger, et dispose qu'elle sera exécutoire aux colonies.

Inhumation.

§ 24. L'autorisation pour inhumer, donnée par l'officier de l'état civil, est délivrée sur papier libre. (Code Napoléon, article 77. R. g. e. 490.)

Militaires.

§ 25 *a. Mariages et pensions.* Les extraits de naissance, de mariage et de décès, que doivent produire les veuves et les enfants des militaires pour obtenir des pensions ou des secours du gouvernement, sont exempts du timbre, pourvu, toutefois, que leur destination soit expressément mentionnée dans la délivrance qu'en font les officiers publics et les maires. (D. m. f. 27 octobre 1807. R. g. e. 471.)

*b.* Les extraits produits pour recevoir des arrérages de pensions échus lors du décès des militaires pensionnés jouissent de la même exemption. (D. m. f. 15 janvier 1825.)

*c.* Les permissions de mariage accordées aux militaires par leurs chefs sont affranchies du timbre par l'article 16 de la loi du 13 brumaire an VII, qui exempte de cette formalité les pièces ou écritures concernant les gens de guerre.

Registres.

§ 26 *a.* Les registres de l'état civil sont assujettis au timbre par l'article 12, n° 2, de la loi du 13 brumaire an VII, qui soumet à cette formalité tous les registres qui sont de nature à être produits en justice et dans le cas d'y faire foi.

*b.* Un arrêté du Gouverneur du 6 juin 1861 a dispensé du timbre l'expédition des registres de l'état civil qui est destinée au dépôt des archives coloniales, à Paris.

*c.* Lorsque la notoriété publique et les documents privés ont permis aux autorités compétentes de reconstituer des registres perdus, ces nouveaux registres peuvent être faits sur papier libre. (D. m. f. 14 avril 1817. R. g. e. 459.)

*d.* Les certificats délivrés par les greffiers aux maires pour constater la remise au greffe du tribunal de première instance des registres de l'état civil, sont exempts du timbre comme les actes de dépôt de ces mêmes registres. (D. m. f. 28 juin 1832. R. g. e. 461.)

Tables annuelles.

§ 27. Les tables annuelles qui sont faites pour faciliter les recherches dans les registres de l'état civil doivent être établies sur papier timbré, si les feuilles de papier timbré restant à la suite des registres ne suffisent pas pour les contenir. (R. g. e. 495 et 496.)

Tables décennales.

§ 28. Il en est de même des tables qui sont établies tous les dix ans. Mais les greffiers sont autorisés par des décisions des ministres de la justice et des finances des 13 et 24 septembre 1814 à dresser sur papier libre l'expédition des tables décennales qui est destinée à rester en dépôt au greffe du tribunal. (R. g. e. 501.)

Payement des droits de timbre.

§ 29. Voir le chapitre IV, *De la dépense des droits de timbre.*

**64.** — *État estimatif.* Les états estimatifs des travaux exécutés aux biens des établissements publics et des communes par addition aux devis primitifs, doivent, quoique non approuvés par l'autorité supérieure, être rédigés sur papier timbré dès l'instant qu'ils sont produits à l'appui de mandats de payement à l'entrepreneur. (J. e. 12333. R. g. e. 4695. I. g. f. 1542.)

Voir le § 4 du n° 29, *Adjudications.* Les dispositions de ce paragraphe sont applicables aux états estimatifs.

**65.** — *État de journées.*

Chemins vicinaux.

§ 1er. Les états de salaires émargés pour acquit par les ouvriers employés sur les chemins sont sujets au timbre quand ils comprennent une ou plusieurs sommes excédant 10 francs, à moins qu'ils ne s'agisse d'ateliers de charité. (I. g. f. 631.)

Il n'est dû qu'un seul droit de timbre pour chaque état, d'après la dimension du papier, quelque soit le nombre de sommes excédant 10 francs qui y sont comprises. (D. m. f. 31 décembre 1827 et 26 décembre 1833.)

Travaux en régie.

§ 2. Les dispositions ci-dessus sont applicables aux états de journées des ouvriers employés aux travaux de tous genres des communes. (I. g. f. 631 et 1542, § 61.)

Hospices.

§ 3. Sont soumis au timbre les états nominatifs des individus admis dans les hospices ou autres établissements de bienfaisance qui ne sont pas à la charge du trésor, lorsque ces états sont dressés par ces établissements pour obtenir le remboursement de prix de journées de traitement ou d'autres dépenses. (R. g. e. 5970.)

*b*. Sont exempts du timbre les quittances et décomptes de sommes dues pour les aliénés ou autres malades *indigents* à la charge de la colonie, d'une commune ou d'un particulier et admis dans un hospice. (D. m. f. 18 novembre 1838. D. m. i. 11 décembre 1857. R. g. e. 7257.)

**66.** — *État de traitement des employés.* § 1er. L'état de répartition des traitements des employés des administrations municipales, qui est annexé comme pièce justificative au mandat du maire quittancé par l'employé principal, est assujetti à la formalité du timbre à raison des acquits qui y sont apposés. (Loi du 13 brumaire an VII, art. 12. I. g. f. art. 1542.)

§ 2. En principe, il est interdit de mettre plusieurs quittances sur la même feuille de papier timbré. (Voir le n° 14, § 1er.) Toutefois l'état de répartition des traitements des employés peut être revêtu des acquits des différents employés, ces acquits se rapportant alors à une seule dépense et à un seul mandat. (D. m. f. 31 décembre 1827.)

§ 3. Il n'est dû qu'un seul droit de timbre, suivant la dimension du papier employé, quelque soit le nombre des traitements annuels excédant 300 francs qui y figurent, attendu qu'il n'y a qu'une seule pièce relative à un seul mandat. (D. m. f. 6 septembre 1827.)

**67.** — *Expédition et extrait d'acte, arrêté, etc.* Voir le n° 24, *Acte délivré à une administration publique;* le n° 25, *Acte délivré à un établissement public;* le n° 26, *Acte délivré à un particulier;* le n° 68, *Expropriation pour cause d'utilité publique;* le n° 71, *Fonctionnaire public;* le n° 75, *Indigent,* § 4.

**68.** — *Expropriation pour cause d'utilité publique.* § 1er. Les plans, procès-verbaux, certificats, significations, jugements, contrats et autres actes faits par suite d'expropriation pour cause d'utilité publique, sont *visés pour timbre* gratis. (Art. 58 du sénatus-consulte du 3 mai 1856, promulgué à la Guadeloupe le 10 juin suivant.)

§ 2. Par dérogation au principe qui veut qu'aucun acte ne puisse être écrit sur une feuille de papier libre, les actes ci-dessus, qui doivent être visés pour timbre et enregistrés gratis, peuvent être présentés simultanément à cette double formalité. (D. m. f. 20 mars 1843.)

§ 3. Toutes les fois que des actes relatifs à une expropriation publique ont dû recevoir gratis la formalité du timbre, les expéditions de ces mêmes actes doivent être *visés pour timbre* gratis. (Del. 6 février 1836. D. m. f. 31 octobre 1837.)

§ 4. Les mandats de payement des indemnités acordées aux expropriés et tous les autres actes passibles du timbre doivent être *visés pour timbre* gratis, car si la loi du 10 décembre 1850 a dispensé ces actes *du payement* du droit, elle n'a pas dérogé au principe général de la nécessité *de la formalité.* (Sol. 12 novembre 1842. R. g. e. 5980 *bis* )

**69.**— *Fabrique*, § 1er. Une fabrique est un établissement public.

§ 2. Les registres des fabriques sont exemptés du timbre par l'article 81 du décret du 30 décembre 1809, promulgué à la Guadeloupe le 24 mai 1851. Mais, d'après l'article 78 de la loi du 15 mai 1818, les actes dans lesquels les tiers concourent avec des fabriques ne pourraient, sans contravention, être inscrits sur des registres tenus sur papier non timbré. (D. m. f. 12 mars 1827. R. g. e. 10545.)

§ 3. Sont assujettis au droit et à la formalité du timbre les actes des fabriques désignés au n° 22, *Actes soumis au timbre*.

§ 4. Sont soumises au timbre, conformément à l'article 12 de la loi du 13 brumaire an VII, la minute des comptes des trésoriers des fabriques et les quittances à l'appui lorsqu'elles excèdent 10 francs. (R. g. e. 5833.)

§ 5. Voir en outre le n° 60, *Établissement public*, et le n° 65, *État civil*, § 20, ainsi que les différents titres de ce recueil.

**70.**— *Facture de fournisseur, etc.* Voir le n° 37, *Bordereau de fournisseur, etc.*

**71.**— *Fonctionnaire public*. § 1er. Les extraits, copies et expéditions d'actes délivrés à un fonctionnaire public, pour son service, sont affranchis du droit et de la formalité du timbre lorsqu'il y est fait mention de cette destination. (Loi du 13 brumaire an VII, art. 16, n° 1.)

§ 2. Les copies, expéditions et extraits délivrés à un maire, en sa qualité de mandataire de la commune ou de président des commissions administratives des établissements de bienfaisance, sont assujettis au timbre parce que, dans l'espèce, le maire n'agit pas en qualité de représentant de l'autorité publique, mais bien de mandataire de la commune ou des établissements de bienfaisance, et que, toutes les fois qu'il s'agit des *affaires particulières* des administrations des communes et des établissements publics, l'assujettissement au timbre a lieu comme pour *celles des particuliers*. (D. m. f. 17 octobre 1809.)

§ 3. Il n'y a d'exception que pour les arrêtés d'approbation, d'autorisation, etc. Voir ce titre, n° 33.

**72.** — *Frais de poursuites.* Les états excédant 10 francs de frais de poursuites dirigées contre les redevables de prestations des chemins vicinaux ou d'autres sommes appartenant aux communes, sont assujettis au timbre, attendu qu'ils constatent le montant de la dette des communes envers les agents qui ont été chargés des poursuites. (D. m. f. 6 mai 1842. R. g. e. 2716.)

Voir le n° 89, *Poursuites.*

**73.** — *Hospice.* Les hospices sont des établissements publics.

Les registres des hospices tenus pour les actes d'administration temporelle et extérieure sont soumis au timbre. (D. m. f. 21 janvier 1820. R. g. e. 10546.) Il n'y a d'exception que pour les registres tenus pour ordre. (Loi du 13 brumaire an VII, art. 16, n° 2.)

On trouvera aux différents articles de ce recueil les dispositions qui régissent les actes des administrations des hospices.

Voir principalement les n°s 34, 60, 75, 91 et 92.

**74.** — *Hypothèques.* § 1er. Les actes portant inscription ou main-levée d'inscription prise dans l'intérêt des communes et des établissements publics sont assujettis au timbre (R. g. e. 5983) à l'exception toutefois des arrêtés d'approbation (voir n° 33) et des délibérations des conseils (voir n° 52 *bis*.)

§ 2. Sont soumises au timbre, en vertu de l'article 80 de la loi du 15 mai 1818, les expéditions remises aux parties et celles que les parties doivent remettre au conservateur des hypothèques, de la délibération du Conseil municipal et de l'arrêté du Gouverneur, en Conseil privé, autorisant la mainlevée d'hypothèques prises au profit d'une commune ou d'un établissement public. (D. m. f. 29 novembre 1821, 31 décembre 1831 et 25 juin 1841.)

§ 3. Les états et quittances de salaires dus au conservateur des hypothèques pour la transcription des actes de vente concernant les chemins vicinaux sont exempts de timbre. (D. m. f. 8 mai 1856.)

§ 4. Les pièces ci-après qui doivent être mises à l'appui des mandats de payement d'acquisition de propriétés immobilières, pour constater la purge des hypothèques légales, sont soumises au timbre :

Certificat du greffier constatant le dépôt et l'affiche du contrat au greffe pendant deux mois;

Copie de la signification de ce dépôt au procureur impérial et aux parties désignées en l'article 2194 du Code Napoléon;

Certificat du conservateur constatant qu'il n'a été pris aucune inscription sur les immeubles vendus;

Certificat du conservateur constatant la non existence d'inscriptions ou la radiation de celles qui existent. (I. g. f. art. 1542.)

75.— *Indigent*. § 1er. L'indigent est l'individu qui manque des choses nécessaires à la vie.

La loi devant, dans toutes les circonstances, venir au secours des indigents, les exempte des droits de timbre, tantôt en autorisant la formalité *gratis* pour les actes qui les concernent, tantôt en les dispensant définitivement de la formalité.

Mais, pour éviter les abus, la loi rattache cette exemption à l'accomplissement de certaines formalités. C'est ainsi qu'elle exige tantôt que mention de l'indigence soit faite sur l'acte soumis à la formalité, tantôt que la destination de la pièce qui concerne l'indigent soit indiquée, tantôt enfin que l'acte soit accompagné d'un certificat délivré par l'autorité compétente et constatant l'indigence.

Certificat d'indigence.

§ 2. L'indigence étant favorisée de l'exemption de tous droits, il en résulte, par une conséquence directe, que le certificat destiné à la constater devait être dispensé du timbre : c'est ce qu'a établi l'article 16 de la loi du 13 brumaire an VII.

Enfants trouvés.

§ 3. Voir le n° 59.

Expédition d'acte administratif.

§ 4. L'article 80 de la loi du 15 mai 1818 autorise la délivrance sur papier libre des expéditions des actes administratifs aux individus indigents, à la charge d'en faire mention dans l'expédition.

Extrait des registres de l'état civil.

§ 5. Voir le n° 63, §§ 17 et 23.

Hospices.

§ 6. Sont exempts de timbre les décomptes et quittances des pensions dues par la colonie, par les communes ou par les particuliers pour des aliénés ou autres malades indigents placés dans un hospice, mais il faut que mention de l'indigence soit faite sur les pièces. (D. m. f. 18 octobre 1838, 28 juillet 1845 et 3 janvier 1846. D. m. i. 15 décembre 1857. R. g. e. 7237.)

Mémoire de fournisseur, de médecin, etc.

§ 7. Les mémoires, factures et bordereaux produits pour le payement de fournitures faites ou de soins donnés aux indigents sont soumis au timbre, attendu que la loi n'a dispensé du timbre que les quittances des sommes payées aux indigents ou à leur décharge. (D. m. f. 24 mai 1859. B. o. m. i. 1859, p. 318.)

Mariage, légitimation et retrait d'enfant naturel.

§ 8. Les pièces et actes nécessaires au mariage des indigents, à la légitimation de leurs enfants naturels et au retrait de ces enfants déposés dans les hospices, sont exempts de timbre, ou, lorsqu'il y a lieu à enregistrement, doivent être *visés pour timbre* et *enregistrés gratis*. (Loi du 10 décembre 1850.)

Aux termes de l'article 7 de cette loi, il doit être fait mention expresse de la destination dans les actes, extraits et copies délivrés dans les cas ci-dessus et, pour être admises au bénéfice de la loi, les parties doivent justifier d'un certificat d'indigence.

Les pièces délivrées dans les cas ci-dessus ne peuvent servir à d'autres fins sous peine de 25 francs d'amende, outre le payement des droits, contre ceux qui en auraient fait usage ou qui les auraient indûment délivrées ou reçues. (Même texte.)

Quittances.

§ 9. Voir les n^os 91 et 92.

Secours.

§ 10. Les certificats de vie délivrés pour le payement des secours accordés à des indigents sont affranchis du timbre, mais il faut que mention de l'indigence soit faite dans les certificats. (Application d'une décision du min. de l'int. du 31 décembre 1827, basée sur l'article 16 de la loi du 13 brumaire an VII.)

**75 *bis*.** — *Légalisation*. La légalisation d'une signature suit le sort de l'acte dont la signature est légalisée; c'est-à-dire qu'il y aurait contravention aux lois sur le timbre et principalement à l'article 24 de la loi du 13 brumaire an VII, si on légalisait une signature donnée sur un acte qui aurait été établi sur papier *blanc* au lieu de l'être sur papier *timbré*.

**75 *ter*.** — *Lettre*. Voir le n° 86, *Pétition*.

**76.** — *Main levée d'inscription*. Voir le n° 74, *Hypothèques*.

**77.** — *Mandat de payement*. — § 1^er^. Les mandats de payement sont, *à raison de l'acquit qui doit être mis au bas* par les parties prenantes, assujettis au timbre en vertu de la loi du

13 brumaire an VII, qui soumet à cette formalité toutes les quittances excédant 10 francs.

§ 2. Mais lorsqu'aux mandats de payement sont annexés des mémoires ou factures rédigés sur papier timbré et revêtus de l'acquit des marchands, fournisseurs, entrepreneurs, etc., comme cet acquit libère soit les communes, soit les établissements publics, le second acquit porté sur les mandats eux-mêmes ne doit plus être considéré que comme un double emploi exigé pour la régularité de la comptabilité et ne donne pas ouverture au droit de timbre. (C. m. de l'int. 13 septembre 1828, 30 septembre 1829, 18 septembre 1834. D. m. f. 21 mars 1828. I. g. f. article 1012. — Voir le n° 37, *Bordereau de fournisseur*, §§ 2 et 3.)

§ 3. Lorsqu'il s'agit de travaux en régie, les mandats d'avances faites aux agents spéciaux ne sont pas timbrés, non plus que les quittances délivrées par ces comptables, mais les pièces justificatives produites pour la régularisation de ces avances doivent être timbrées si elles rentrent sous l'application des lois sur le timbre. (I. g. f. art. 608, 993 et 1014. — Voir les n°s 33 et 38.)

§ 4. Dans le but de faciliter le service, la faculté de faire *viser pour timbre* leurs formules a été accordée aux maires pour les mandats de payement qu'ils délivrent. (D. m. f. 4 octobre 1831.)

§ 5. Dans le cas où le prix du timbre est à la charge des parties, les mandats de payement doivent, sous peine d'amende, être visés pour timbre *avant de recevoir l'acquit de la partie*. (Même décision.)

§ 6. Les mandats n'étant soumis au timbre qu'à raison de la quittance qui doit y être apposée, et cette quittance pouvant être donnée, à raison de la brièveté de son contexte, sur une demi-feuille de petit papier, il s'en suit que le timbre des mandats de payement ne donne ouverture qu'au droit de timbre de la demi-feuille de petit papier (35 centimes) quelle que soit la dimension de la feuille sur laquelle les mandats sont écrits. (D. m. f. 17 mai 1825 et 24 juillet 1826.)

§ 7. Voir le n° 91, *Quittances de sommes payées par les receveurs des communes et des établissements publics.*

**78.** — *Marché.* § 1er. Sont soumis au timbre les marchés et adjudications de toute nature, aux enchères, au rabais ou sur soumission. (Loi du 15 mai 1818, art. 78.)

§ 2. Les feuilles de papier destinées aux marchés peuvent être admises *au visa pour timbre en débet* sous la condition que les adjudicataires acquitteront simultanément les droits de timbre et d'enregistrement. (I. g. f. 1016. D. m. f. 19 décembre 1853.)

§ 3. La copie ou l'extrait de cet acte qui est joint au premier mandat de payement n'est pas soumis au timbre, mais on doit y mettre la mention que *l'expédition timbrée est retenue par le receveur municipal et qu'elle sera jointe au compte de l'année pendant laquelle l'opération sera terminée.* (D. m. f. 5 octobre 1845, 18 avril 1846. Inst. de l'enreg. du 30 avril 1841. C. c. g. 24 juillet 1846 et 12 juillet 1853. I. g. f. 1543.)

**79.** — *Mémoire en forme de lettre.* Voir le n° 86, *Pétition.*

**80.** — *Mémoire de fournisseur, etc.* Voir le n° 37, *Bordereau, etc.*

**81.** — *Militaire et marin de l'État.* Sont exemptés du droit et de la formalité du timbre les engagements, enrôlements, congés, certificats, cartouches, passe-ports, quittances pour prêts et fournitures, billets d'étape, de subsistance et de logement et autres pièces et écritures concernant les gens de guerre, tant pour le service de terre que pour le service de mer. (Loi du 13 brumaire an VII, art. 16. — Voir les nos 58 et 63.)

82. — *Minute d'acte, arrêté*. Voir les n^os^ 22 et 35.

83. — *Nomination*. Voir le n° 46, *Commission d'employé*.

84. — *Nourrice d'enfant trouvé*. Voir le n° 59, *Enfant trouvé*.

84 *bis*. — *Ordre de recette*. Voir le n° 107, *Titre de recette*.

85. — *Passe-port à l'intérieur*. Voir le n° 45, *Certificat*, § 9, Immatriculation.

85 *bis*. — *Permis de port d'armes de chasse*. Les demandes soit primitives, soit en renouvellement d'un permis de chasse, doivent être rédigées sur papier timbré. (D. m. f. 28 août 1849.)

Les quittances du prix de permis de port d'armes de chasse ne sont pas sujettes au timbre. (D. m. f. 22 mai 1858. R. g. e. 9681.)

85 *ter*. — *Permis de construire ou de réparer*. Voir le n° 95, *Registres*, § 2, alinéa 2.

86. — *Pétition*. § 1^er^. Sont soumis au timbre les mémoires et pétitions, même en forme de lettres, présentés au gouvernement, aux ministres, à toutes les autorités constituées, aux administrations et établissements publics. (Loi du 13 brumaire an VII, art. 12, n° 1, § 6.)

§ 2. Sont exceptés de la formalité du timbre : 1° les pétitions présentées au Corps législatif ; celles qui ont pour objet des demandes de congés absolus et limités et de secours, et les pétitions des déportés et réfugiés des colonies tendant à obtenir des certificats de résidence, passe-ports et passages pour retourner dans leur pays. (Même loi, art. 16, n° 1, § 10.)

2° Les réclamations en matière de contributions ayant pour objet une cote moindre de 30 francs. (Loi du 21 avril 1832, art. 28.)

3° Les réclamations concernant les prestations en nature, quelque soit le montant des cotes auxquelles elles se rapportent. (Cir. 5 septembre 1849. D. m. f. et d. m. i. 22 août 1856.)

§ 3. Lorsqu'une pétition ou réclamation ne rentrant pas dans les exceptions ci-dessus est remise sur papier libre, elle doit être renvoyée au pétitionnaire qui peut, en outre, être déclaré passible, par le service de l'enregistrement, d'une amende de 5 francs, conformément à l'article 23 de la loi du 13 brumaire an VII, modifiée par celle du 13 juin 1824.

Il ne peut, d'ailleurs, être statué sur une pétition écrite sur papier non timbré sans contrevenir à la défense portée par l'article 24 de la loi du 13 brumaire an VII, contravention punie par une amende de 5 francs, outre le payement du droit de timbre. (Voir le n° 16.)

§ 4. Les certificats fournis à l'appui des demandes en dégrèvement ne peuvent être mis à la suite des pétitions. (R. g. e. 2521.)

87.— *Pièces justificatives de recettes et de dépenses faites par les communes et les établissements publics.* Les pièces qui doivent être timbrées ont été indiquées aux différents articles de ce recueil. En général, les copies ou extraits d'actes produits par les maires et les receveurs des communes ou d'établissements publics pour la justification des recettes ou des dépenses, sont soumis à la formalité du timbre, à moins qu'il ne s'agisse de justifier une opération de recette ou de dépense avant que le titre timbré puisse être produit, auquel cas les copies ou extraits sont exempts du timbre, mais à la condition qu'ils portent la mention expresse que *l'expédition en forme et timbrée est retenue par le receveur afin de suivre l'opération et qu'elle sera jointe au compte de l'année pendant laquelle l'opération sera terminée.* (D. m. f. 5 octobre 1843 et 18 avril 1846, Inst. de l'adm. de l'enr. 30 avril 1846. C. c. g. 24 juillet 1846 et 12 juillet 1853. I. g. f. 1542.)

**88.** — *Plan.* § 1er. Les plans dressés dans l'intérêt des communes et des établissements publics sont, comme ceux dressés pour les particuliers, soumis au timbre par l'article 12 de la loi du 13 brumaire an VII.

§ 2. Mais ils peuvent n'être présentés au *timbre extraordinaire* ou au *visa pour timbre* qu'après l'approbation de l'autorité supérieure, sauf le payement de l'amende s'il était procédé à l'adjudication des travaux pour lesquels les plans auraient été établis avant que les plans et devis eussent été timbrés. (D. m. f. 8 février 1832 et 8 juin 1832. I. g. f. art. 1016.)

§ 3. Les expéditions de ces documents destinées aux adjudicataires ou aux particuliers, doivent être écrites sur papier timbré. (D. m. f. 3 messidor an X.)

**89.** — *Poursuites.* § 1er. Sont exempts du timbre :

Les bulletins de sommations avec frais ;

Les sommations aux tiers détenteurs ;

Les procès-verbaux d'insolvabilité et de carence ;

Les contraintes décernées par les receveurs des finances pour le recouvrement des rôles de prestations. (R. g. c. 3718.)

§ 2. Sont soumis au timbre :

Les contraintes décernées pour le recouvrement des produits autres que les contributions directes ;

Les actes de commandement, de saisie-arrêt, saisie-exécution, saisie-brandon, vente et tous autres actes y relatifs (1).

(1) Jusqu'à présent, l'interprétation de l'article 2 du décret du 24 octobre 1860 a suspendu, mais en ce qui touche seulement le *payement du droit*, l'application de ces dispositions aux actes de commandement et autres relatifs à des cotes non excédant 100 francs; tous ces actes, à quelque somme que s'élèvent les cotes auxquelles ils se rapportent, sont soumis à la *formalité* du timbre. — Un projet de décret a été soumis au département pour faire cesser, en ce qui concerne le droit de timbre, la *gratuité* accordée par l'article 93, § 2, n° 3, de l'ordonnance du 31 décembre 1828, aux actes relatifs à des cotes n'excédant pas 100 francs.

§ 3. Sont soumis au timbre les états excédant *dix* francs de frais de poursuites dirigés contre les redevables des communes et des établissements publics, attendu que ces états constatent le montant de la dette des communes envers les agents qui ont été chargés des poursuites. (D. m. f. 6 mai 1842. R. g. e. 2716.)

89 *bis*. — *Prestations des chemins vicinaux*. Voir les n^os^ 45, 86, 92 et 99.

90. — *Procès-verbaux*. § 1^er^. En général, les procès-verbaux devant faire titre ou être produits pour obligation, décharge, justification, demande ou défense, sont soumis au timbre par l'article 12 de la loi du 13 brumaire an VII.

Quoiqu'il soit interdit de faire ou expédier deux actes à la suite l'un de l'autre sur la même feuille de papier timbré, l'article 23 de la loi citée plus haut a cependant fait exception pour les procès-verbaux et autres actes qui ne peuvent être consommés dans un même jour ou dans la même vacation.

Procès-verbaux d'adjudication.

§ 2. Voir le n° 29, *Adjudications*.

Procès-verbaux d'expertise.

§ 3. Les procès-verbaux d'expertise dans l'intérêt des communes et des établissements publics, sont assujettis au timbre. (R. g. e. 5980. I. g. f. 1013.)

Procès-verbal de réception de travaux.

§ 4. Voir le n° 43, § 16, *Certificats*.

Procès-verbal d'usurpation de biens communaux.

§ 5. Ces procès-verbaux, ainsi que les actes de notification de ces documents et des arrêtés du Conseil privé qui auraient statué en pareille matière, peuvent être ***visés pour timbre en débet***, sous la condition que les communes rembourseront le droit lors même qu'elles n'en auraient pas effectué le recouvrement et qu'ils tomberaient en non-valeur pour une cause quelconque. (D. m. f. 11 septembre 1856. B. o. m. i. 1858, p. 19.)

91. — *Quittances de sommes payées par les receveurs des communes et des établissements publics*. § 1er. Les quittances des parties prenantes pour les payements effectués par les receveurs des communes et des établissements publics, sont assujetties au timbre par la loi du 13 brumaire an VII. (C. m. i. 15 septembre 1808. I. g. f., du 20 juin 1859, article 1008.)

En conséquence, les mandats de payement sont soumis au timbre, à raison de *l'acquit* mis au bas de ces pièces.

§ 2. Mais si, à l'appui des mandats de payement, sont annexés des mémoires, factures ou *bordereaux rédigés sur papier timbré,* la quittance *donnée* sur ces mémoires, bordereaux ou factures dispense la partie prenante de faire timbrer le mandat. La même dispense a lieu si la quittance est donnée sur une feuille de papier timbré distincte. Voir, en outre, le n° 118. (C. m. i. 15 septembre 1828, 30 septembre 1829, 18 décembre 1854. D. m. f. 21 mars 1828. I. g. f. article 1012.)

§ 3. Sont en outre affranchies du timbre :

Sommes de 10 francs et au-dessous.

1° Les quittances de *sommes de 10 francs et au-dessous*, lorsqu'elles n'ont pas pour objet un à-compte ou un payement final sur une plus forte somme. (Loi du 13 brumaire an VII, article 16, n° 1.)

Conservateurs des hypothèques.

2° Les états et quittances de *salaires dus aux conservateurs des hypothèques*, pour la transcription des actes de vente concernant les chemins vicinaux. (I. g. f. article 631, § 6.)

Enfants assistés et service médical gratuit.

3° Les quittances des sommes payées pour le service des *enfants assistés* et pour le *service médical gratuit*. (I. g. f. articles 631 et 1009.)

### Excédants de versements.

4° Les quittances de sommes remboursées au titre *Excédants de versements* sur produits communaux. (I. g. f. art. 1542, p. 627.)

### Frais de poursuite.

5° Les quittances de *remboursement de frais de poursuite* aux receveurs de l'enregistrement, en matière de simple police et de police correctionnelle. (I. g. f. art. 631, § 6.)

### Gens de guerre.

6° Les quittances comme tous les autres actes concernant les *gens de guerre et la garde nationale* pour ses dépenses obligatoires. (Loi du 13 brumaire an VII, art. 16, n° 1. I. g. f. art. 1009.)

### Incendie, inondations, etc.

7° Les quittances des indemnités accordées pour *incendie, inondation, épizooties et autres cas fortuits*. (Loi du 13 brumaire an VII, art. 16, n° 1.)

### Indigents.

8° Les quittances et décomptes de sommes payées pour dépenses des *aliénés* et des *malades* et *incurables indigents*. (Décisions des 10 mai 1834, 10 octobre 1838, 20 juillet 1845 et 15 décembre 1857.)

### Prix du papier timbré.

9° Les quittances données par les receveurs de l'enregistrement pour *prix du papier timbré*. (D. m. f. 28 juin 1832.)

### Parts des pauvres.

10° Les quittances de parts allouées aux *pauvres* et aux *hospices* dans le produit des concessions de terrains faites dans les cimetières. (I. g. f. art. 1542.)

### Receveurs des finances.

11° Les récépissés de sommes versées aux *receveurs des finances* pour le compte des communes et autres établissements publics. (I. g. f. 1009.)

Rôles.

12° Les quittances et états de frais d'imprimés et confection de matrices, rôles et avertissements concernant les prestations relatives aux chemins vicinaux. (I. g. f. 631, § 6.)

Sapeurs-pompiers.

13° Les quittances de *gratifications* payées aux *sapeurs-pompiers* et certificats à l'appui. (D. m. f. 27 décembre 1830.)

Secours aux indigents.

14° Les quittances des *indigents* pour les secours qui leur sont accordés à ce titre, à quelques sommes qu'elles puissent s'élever. (Loi du 13 brumaire an VII, art. 16, n° 1.) — Pour motiver l'exemption du timbre en faveur des indigents, il n'est pas nécessaire que les secours leur soient remis directement; cette exemption s'applique aussi aux quittances constatant les payements faits à des tiers pour secourir des indigents, lorsque l'indigence est constatée. (D. m. f. des 18 octobre 1838, 28 juillet 1845 et 3 janvier 1846. — Inst. de l'int. des 31 décembre 1838 et 20 novembre 1846.)

Lorsque les bureaux de bienfaisance font faire des distributions d'argent par l'intermédiaire de personnes autres que les receveurs de ces établissements, les quittances des sommes distribuées que donnent ces personnes, aux lieu et place des indigents qui les ont reçues, sont exemptes du timbre ainsi que l'état des distributions opérées. (Sol. 10 mai 1843.)

Secours aux employés indigents.

15° Les quittances pour *secours* à d'anciens employés indigents communaux et du service de la police, ou à leurs familles, *lorsqu'il est fait mention de l'indigence.* (I. g. f. 631, § 6.) Voir l'alinéa 2 du § 4 ci-après.

Secours et subventions aux hospices.

16° Les quittances de sommes allouées, à titre de *subventions ou de secours aux hospices,* aux bureaux de charité et aux sociétés de secours mutuels. (Sol. 31 mars 1840. I. g. f. 1009 et 1542.)

Traitement des employés dont la solde n'excède pas 300 francs.

17° Les quittances de tous les employés communaux, des desservants, des instituteurs, des gardes champêtres, des cantonniers, délivrées pour le *payement de leur traitement*, lorsque ce traitement *n'excède pas 300 francs par année*. (I. g. f. 1009.) Voir l'alinéa 1 du § 4 ci-après.

Travaux en régie.

18° Les quittances délivrées par les *agents spéciaux des travaux en régie*, sur les mandats d'avances qui leur sont faites pour le payement de ces travaux. (I. g. f. art. 1542.)

§ 4. Ne sont pas comprises dans les exceptions précédentes, et sont dès lors soumises au timbre :

Indemnités, gratifications, etc.

1° Les quittances des sommes payées pour *indemnité, gratification, supplément de traitement*, aux employés de mairie, agents voyers, garde champêtres, etc., sur les fonds des amendes correctionnelles ou sur les fonds des communes, etc. (I. g. f. art. 631, § 3. Voir, en outre, le n° 35, *Chemins vicinaux;* §§ 3 et 4.)

Secours aux employés non indigents.

2° Les quittances de *subventions ou secours* à d'anciens employés ou à leurs familles, *lorsqu'il n'est pas fait mention d'indigence*. (Même texte.)

Pensions des aliénés non indigents.

3° Les quittances de pensions des *aliénés non indigents*. (Même texte.)

Comices agricoles.

4° Les quittances pour payements ou remboursements faits à des *comices agricoles ou sociétés d'agriculture*. (Même texte.)

Fabriques.

5° Les quittances de sommes allouées aux fabriques à titre de secours. (R. g. e. art. 5987.)

**92.** — *Quittances de sommes payées aux receveurs des communes et établissements publics.*

§ 1er. Les quittances délivrées par les receveurs des communes et des établissements publics doivent, par application des articles 1, 2 et 12 de la loi du 13 brumaire an VII, être établies sur papier timbré. (I. g. f. art. 843.) Voir à la fin du recueil, l'instruction sur la délivrance des quittances timbrées.

§ 2. Sont toutefois exemptes du timbre :

Sommes de 10 francs et au-dessous.

1° Les quittances *n'excédant pas 10 francs* et n'ayant pas pour objet, soit un à-compte, soit un payement final sur une plus forte somme. (Loi du 13 brumaire an VII, article 16, n° 1, § 7.)

Fonds placés au trésor.

2° Les quittances apposées aux mandats de *remboursement de fonds placés au trésor*. (I. g. f. art. 844.)

Permis de port d'armes de chasse.

2° *bis*. Les quittances délivrées pour le prix des permis de port d'armes de chasse. (D. m. f., 22 mai 1838.)

Prestations en nature et en argent.

3° Les quittances délivrées pour le payement du montant des *prestations en nature et en argent*, destinées à la réparation des chemins communaux, attendu que ces prestations constituent un impôt direct, aux termes de la loi du 28 juillet 1824, et que les quittances délivrées pour les contributions directes sont exemptes du timbre par l'article 16 de la loi du 13 brumaire an VII.

Receveurs des finances.

4° Les quittances délivrées aux receveurs des finances, aux payeurs et autres comptables, pour le payement de *centimes communaux, attributions sur patentes, arrérages de rentes sur l'État, amendes de police correctionnelle et intérêts de fonds placés au trésor*. (I. g. f. art. 844.)

Retenues sur traitement.

5° Les quittances délivrées aux instituteurs primaires et autres agents, pour *les retenues* sur leur traitement. (I. g. f. art. 844.)

Rétribution scolaire.

6° Les quittances délivrées pour la *rétribution scolaire.* (I. g. f., art. 844.)

Subventions aux hospices.

7° Les quittances souscrites au nom des payeurs pour *subventions accordées aux hôpitaux et hospices,* aux bureaux de charité, aux sociétés maternelles, aux institutions de bienfaisance, aux maisons de refuge ou d'insensés, aux communes, pour *travaux de charité,* et enfin, des subventions à titre de souscriptions pour contributions à des œuvres de charité. (C. m. f. 30 mars 1844, n° 140.)

§ 3. Ne peuvent être assimilées à ces dernières quittances, et sont, dès lors, soumises au timbre, quand elle excèdent 10 francs :

Subventions aux communes.

1° Les quittances souscrites au nom des payeurs et autres agents du trésor, pour *subventions ou secours* accordés par l'État et applicables ou à des dépenses de *l'instruction primaire* ou à des *chemins vicinaux,* à moins que la somme accordée ne doive être employée à établir des ateliers de charité. Le droit de timbre est alors à la charge de la commune (I. g. f. art. 844.)

Dépôts de garantie.

2° Les quittances à souches pour *dépôts de garantie* effectués par les soumissionnaires de fournitures ou de travaux. (I. g. f. art. 1542.)

3° Voir, en outre, le n° 55 *bis, Droits de place, etc.*

**93.**— *Quitus.* Voir le n° 42, *Cautionnement.*

**94.**— *Réclamation.* Voir le n° 86, *Pétition.*

**95.** — *Registre.* § 1er. L'article 12 de la loi du 13 brumaire an VII assujettit à la formalité du timbre les registres des administrations municipales et des établissements publics, tenus pour objets qui leur sont particuliers et n'ayant point de rapport à l'Administration générale, ainsi que les registres des receveurs des droits et des revenus des communes et des établissements publics.

Ces registres sont :

Les registres de l'état civil. Voir le n° 63, § 28.

Les répertoires des secrétaires de mairie. Voir le n° 97 ci-dessous.

Les livres des comptes divers tenus par les receveurs des communes et des établissements publics, mais seulement quant aux feuilles employées pour les communes et autres services particuliers. (D. m. f. 19 mai 1812, 21 mai 1819, 22 octobre 1819 et 10 janvier 1820.)

Les registres des bureaux de bienfaisance et des hospices tenus pour les actes d'administration temporelle et extérieure. (D. m. f. 21 janvier 1820.)

§ 2. Sont exempts du timbre :

1° Les registres des établissements publics tenus pour ordre et pour administration générale. (Loi du 13 brumaire an VII, article 16, n° 2.)

2° Les registres à souche, sur lesquels sont inscrits les permis de construire ou de réparer, dans la partie réservée aux minutes ; mais ils sont sujets au timbre de 1 fr. 25 cent. pour celle destinée aux expéditions. (D. m. f. 14 février 1809. R. g. e. 303.)

3° Les registres des fabriques ; mais les actes dans lesquels des tiers concourraient ne pourraient être, sans contravention, inscrits sur des registres tenus sur papier non timbré. (D. m. f. 12 mars 1827) ;

4° Voir le n° 55 *bis, Droits de place, etc.*

**96.** — *Remises.* Les décomptes dressés par les receveurs des communes et des établissements publics pour servir au mandatement de leurs remises, ne formant pas titre contre les communes et établissements publics, sont exempts du timbre. (Déc. 30 décembre 1812. D. m. f. 4 février 1843. R. g. e. 5972.)

**97.** — *Répertoire.* Les répertoires des notaires, huissiers, etc., secrétaires des mairies, doivent être sur papier timbré, sous peine d'une amende de vingt francs. (Loi du 13 brumaire an VII, art. 12 et 26, loi du 16 juin 1824, art. 10.)

**98.**— *Rétribution scolaire.* Sont exempts du timbre : 1° les rôles des rétributions mensuelles dues par les élèves des écoles primaires (Loi du 28 juin 1833, art. 14) ; 2° les quittances délivrées pour la rétribution scolaire. (I. g. f. ar. 844.)

**99.** — *Rôle.* § 1er. Sont assujettis au timbre : les rôles de jouissance des eaux de fontaines, de fermage d'immeubles, de pavage, etc., et, généralement, les rôles de répartition des taxes qui tournent au profit des communes et des établissements publics. (D. m. f. 31 décembre 1844.)

§ 2. Sont exempts du timbre : les rôles des contributions directes, les rôles de prestations pour les chemins vicinaux (D. m. f. 30 décembre 1831), les rôles des rétributions mensuelles dues par les élèves des écoles primaires (Loi du 28 juin 1833, art. 14), les rôles relatifs à la taxe sur les chiens et les quittances qui en sont délivrées. (D. m. f. 19 juillet 1856.)

§ 3. Une décision du ministre des finances, du 20 avril 1854, autorise le *timbre à l'extraordinaire* ou le *visa pour timbre* des formules destinées aux rôles communaux.

**100.** — *Sapeurs-pompiers.* Les certificats délivrés par le capitaine des sapeurs-pompiers d'une commune, indiquant ceux des pompiers qui ont assisté aux manœuvres des pompes et les quittances de la gratification accordée aux mêmes pompiers par la commune, à raison de ces manœuvres, ont été dispensés du timbre comme se rattachant à la police générale. (D. m. f. 27 décembre 1830.)

Il en est de même des quittances de secours accordés par une commune à des veuves de pompiers, lorsqu'il est établi qu'elles sont dans l'indigence, *mais il faut que l'indigence soit constatée.* (J. c. 12388.)

**101.** — *Secours.* § 1er. Les certificats de vie délivrés pour le payement de secours accordés à des indigents sont affranchis du timbre, *mais il faut que l'indigence des parties soit constatée dans les certificats.*

Sont affranchies du timbre les quittances des indigents pour les secours qui leur sont accordés à ce titre, à quelques sommes qu'elles puissent s'élever (Loi du 13 brumaire an VII, art. 16). Pour motiver l'exemption du timbre en faveur des indigents, il n'est pas nécessaire que les secours leur soient remis directement. Cette exemption s'applique aussi aux quittances constatant les payements faits à des tiers pour secourir des indigents, *lorsque l'indigence est constatée.* (Inst. de l'enreg. des 31 décembre 1838 et 20 décembre 1846. R. g. c. 7241.)

Lorsque les bureaux de bienfaisance font faire des distributions d'argent par l'intermédiaire de personnes autres que les receveurs de ces établissements, les quittances des sommes distribuées que donnent ces personnes, aux lieu et place des indigents qui les ont reçues, sont exemptes du timbre ainsi que l'état des distributions opérées. (Sol. 10 mai 1843.)

Sont affranchies du timbre les quittances pour secours à d'anciens employés indigents communaux et du service de la police ou à leurs familles, lorsqu'il est fait mention de l'indigence. (I. g. f. 631, § 6.)

Sont exemptes du timbre les quittances des subventions ou secours accordés aux hospices, bureaux de charité et autres établissements de bienfaisance sur le budget de l'État ou sur celui des communes. (Sol. du 31 mars 1840. I. g. f. 1009 et 1342.)

§ 2. Sont soumis au timbre : 1° les certificats de vie délivrés pour le payement de secours à des personnes non indigentes, ainsi que les quittances données à ce sujet ;

2° Les quittances pour secours ou subventions, accordés par l'État aux communes, et applicables aux dépenses de l'instruction primaire ou à des chemins vicinaux, à moins que la somme accordée ne doive être employée à établir des ateliers de charité. Le timbre de la quittance est alors à la charge de la commune.

Voir, en outre, les n^os^ 91 et 92, *Quittances ;* le n° 75, *Indigents ;* et le n° 45, *Chemins vicinaux.*

**102.** — *Serment.* § 1^er^. La prestation de serment des employés peut être mentionnée sur leur commission, sans contravention aux lois du timbre.

§ 2. Mais la minute du procès-verbal de prestation de serment doit être rédigée sur feuille séparée. (R. g. e. 435.)

**102** *bis.* — *Service local.* Voir le n° 61, *État signifiant Gouvernement.*

**103.** — *Soumission.* § 1^er^. Toutes les soumissions, même celles qui sont déposées devant les autorités administratives, relativement à des marchés, doivent être écrites sur papier timbré. (R. g. e. art. 11871.)

§ 2. La soumission d'un entrepreneur qui s'engage à exécuter des travaux à faire à un bâtiment communal ne peut, sans contravention, être écrite à la suite du devis estimatif de ces travaux. (D. m. f. novembre 1830. R. g. e. 11870.)

**104.** — *Subvention.* Voir les n^os^ 90 et 91, *Quittances,* et le n° 101, *Secours.*

**105.** — *Titre de dépense.* § 1^er^. Les pièces justificatives jointes à l'appui des mandats de payement, qui sont soumises au timbre, ont été indiquées aux différents articles de ce recueil. Voir principalement le n° 77, qui a rapport au timbre des mandats de payement.

§ 2. En général, les titres justificatifs des dépenses sont soumis au timbre, en vertu de la loi du 13 brumaire an VII.

Il n'y a d'exception que pour les extraits ou copies de baux, procès-verbaux d'adjudication, de réception de travaux et autres actes qui sont destinés à justifier provisoirement les à-comptes payés sur une dépense, en attendant le dernier mandat de payement auquel les pièces timbrées doivent être annexées. (D. m. f. 18 avril 1846.)

Cette exemption est basée sur ce que ces copies et expéditions provisoires ne sont produites à l'appui des mandats de payement que pour l'ordre du service et pour compléter les justifications nécessaires aux vérifications administratives, *mais il est nécessaire qu'il soit fait mention sur ces pièces que l'expédition en forme et timbrée est retenue par le receveur municipal, afin de suivre l'opération, et qu'elle sera jointe au compte de l'année pendant laquelle l'opération sera terminée.* (I. g. f. art. 1543.)

§ 4. Les expéditions en forme dont il est parlé ne sont pas les minutes des baux, procès-verbaux, etc., lesquelles doivent rester déposées aux archives des mairies ou établissements de bienfaisance, mais ce sont les expéditions de ces pièces qui doivent être remises aux receveurs, en conformité de l'article 124 de l'arrêté du 29 décembre 1837, sur la comptabilité des communes et des établissements publics. (I. g. f. art. 1543.)

**106.** — *Titre d'obligation.* Voir le n° 57, *Emprunts.*

**107.** — *Titre de recette.* § 1er. Les titres ou extraits de titres, en vertu desquels les receveurs des communes et des établissements publics effectuent le recouvrement d'une créance, sont sujets au timbre. (D. m. f. 18 avril 1846.)

§ 2. Toutes les copies produites à l'appui des ordres de recette étant les titres en vertu desquels sont faites les perceptions, sont sujettes au timbre. (Même texte.)

§ 3. Mais il y a lieu de distinguer les extraits ou copies de pièces qui sont destinées à justifier une opération de recette avant que le titre timbré puisse être produit, auquel cas ces copies ou extraits sont exempts du timbre, mais il est nécessaire qu'il soit fait sur ces pièces la même mention que celle indiquée au § 3 du n° 105, *Titre de dépense*.

§ 4. Voir aussi le § 4 du même numéro.

**108.** — *Traité de gré à gré.* Les traités et marchés de gré à gré sont compris parmi les actes soumis au timbre par l'article 78 de la loi du 15 mai 1818. (Arrêt de la cour de cassation du 12 mai 1830. J. e. 9660)

Voir, en outre, le n° 78, *Marchés*.

**109.** — *Travaux à l'entreprise.*

Constructions, grosses réparations, travaux de routes.

§ 1er. Pour le premier à-compte, *sont exempts du timbre :* la décision approbative des travaux, l'extrait ou la copie du procès-verbal d'adjudication publique, le certificat de réalisation du cautionnement; *est soumis au timbre :* le certificat de l'agent voyer constatant l'avancement des travaux et le montant de la somme à payer.

§ 2. Pour les à-comptes subséquents, *est soumis au timbre :* le certificat de l'agent voyer rappelant les à-comptes payés antérieurement et indiquant la nouvelle somme à payer.

§ 3. Pour le payement du solde de l'entreprise, *sont soumis au timbre :* l'expédition en due forme du procès-verbal d'adjudication, le cahier des charges, le devis estimatif ou série de prix, le décompte général des travaux exécutés et le procès-verbal de réception définitive.

Réparations de simple entretien n'excédant pas 500 francs.

§ 4. *Est soumis au timbre :* la soumission de l'entrepreneur ou le mémoire des réparations exécutées. (I. g. f. art. 1542, §§ 59 et 60.)

Travaux de tous genres.

§ 5. Les quittances des entrepreneurs sont, dans tous les cas, soumises au timbre. Voir le n° 91, *Quittances*.

§ 6. Voir aussi le n° 45, *Certificats*, §§ 3 et 16.

**110.** — *Travaux en régie.* § 1er. *Sont exempts du timbre :* le mandat d'avances quittancé par le régisseur et le relevé des payements certifié par lui, lorsqu'il est accompagné de pièces timbrées (s'il s'agit de sommes au-dessus de 10 francs).

§ 2. *Sont soumis au timbre :* les rôles de journées et les mémoires, factures, etc., quand ils comprennent des sommes excédant 10 francs. (I. g. f. art. 1542, § 61.)

## CHAPITRE IV.

### DE LA DÉPENSE DES DROITS DE TIMBRE.

**111.** — *Tarifs.* Conformément à l'article 26 du sénatus-consulte du 3 mai 1854 et à l'article 3 du décret du 24 octobre 1860, le tarif des droits de timbre est arrêté chaque année par le Conseil général, sous l'approbation du Gouverneur.

**112.** — Les droits de timbre à la Guadeloupe ont été fixés ainsi qu'il suit, pour l'année 1863, par l'arrêté du Gouverneur du 9 décembre 1862.

Droits de dimension.

| | |
|---|---|
| Feuille de grand registre, deux francs............ | 2f 00c |
| Feuille de grand papier, un franc 50 centimes...... | 1 50 |
| Feuille de moyen papier, un franc 25 centimes.... | 1 25 |
| Feuille de petit papier, soixante-dix centimes...... | 0 70 |
| Demi-feuille de petit papier, trente-cinq centimes... | 0 35 |

Droit proportionnel.

Droit sur les titres d'obligations souscrites par les communes, établissements publics et compagnies : 1 p. 0/0 du montant des titres.

La perception du droit suit les sommes et valeurs de 20 francs en 20 francs inclusivement et sans fraction.

Les communes et établissements publics peuvent s'affranchir de ces obligations, en contractant avec l'État un abonnement pour toute la durée des titres. Le droit est annuel et de 5 centimes par 100 francs du montant de chaque titre. Le payement du droit doit être fait à la fin de chaque trimestre au bureau d'enregistrement du lieu où les communes ont le siége de leur administration.

Droits de timbre sur les affiches.

Feuille d'affiche de 25 décimètres carrés de superficie. 0f 10c
Demi-feuille d'affiche........................... 0 05

*Droits à la charge des communes et des établissements publics.*

Inscription à faire au budget.

**113.** — Les communes et autres établissements publics ne pouvant, aux termes des règlements, compter sur aucune espèce de dispense ou de crédit pour les *feuilles de papier timbré nécessaires pour leur service*, et notamment pour les registres de l'état civil, doivent, chaque année, inscrire à leur budget une allocation pour le papier timbré de l'année suivante, qui est ainsi payé comptant. (Circ. du min. de l'int., des 28 octobre 1814, 6 septembre 1816 et 16 avril 1817.)

**114.** — Lorsque les communes n'ont pas pris les mesures convenables pour faire payer les frais de timbre par qui de droit, elles doivent faire porter ces frais dans leurs budgets comme les autres frais d'administration. (Circ. du min. de l'int., du 22 novembre 1855, et l. g. f. du 20 juin 1859, art. 1017.)

Registres de la mairie.

**115.** — La dépense du timbre des registres de l'état civil est à la charge des communes et est payée sur le fonds inscrit au budget pour frais de registres de l'état civil. (Circ. du min. de l'int. du 13 mai 1810.)

Il en est de même pour les frais de timbre du répertoire tenu par le secrétaire municipal.

Registres du receveur municipal.

**116.** — Est aussi à la charge des communes le droit de timbre du livre des comptes divers par services, que doit tenir le receveur municipal, ainsi que le droit de timbre de la minute du compte de gestion de ce comptable. (Circ. du min. de l'int. du 27 janvier 1813.)

États de journées et de solde.

**117.** — Est aussi à la charge des communes la dépense des frais de timbre des états de journées d'ouvriers employés directement par la commune et des états d'émargement de la solde des employés communaux.

Mandat de payement.

**118.** — *a*. Le prix du timbre des mandats des communes ou des établissements publics, ou des quittances des parties prenantes, pour des payements effectués par les receveurs des communes, etc., est à la charge des communes et des établissements publics, conformément à l'article 1248 du Code Napoléon, qui met cette dépense au compte de la partie intéressée à prouver qu'elle s'est libérée.

*b*. Ainsi qu'on l'a dit au n° 77, les mandats de payement ne sont soumis au timbre qu'à raison de la quittance qui doit y être apposée; or, cette quittance pouvant être donnée, à raison de la brièveté de son contexte, sur une demi-feuille de petit papier, il s'en suit que le timbre des mandats de payement ne donne ouverture qu'au droit de timbre de la *demi-feuille de petit papier* (35 centimes), quelle que soit la dimension de la feuille sur laquelle les mandats sont écrits. (D. m. f. 17 mai et 24 juillet 1826. R. g. c. 1259, § 1er.)

*c*. Ainsi qu'on l'a dit encore au même numéro, lorsqu'aux mandats de payement sont annexés des mémoires, factures ou bordereaux rédigés sur papier timbré, l'acquit donné par les parties sur les mémoires et factures libère les communes et les établissements publics, et le second acquit, donné sur le mandat comptable, n'étant plus considéré que comme un double emploi exigé pour l'ordre de la comptabilité, ne donne pas ouverture au droit de timbre.

Il en résulte que si le receveur municipal exige des parties un acquit sur les pièces *timbrées* mises à l'appui des mandats, il sera inutile, par les motifs énoncés dans le § précédent, que les mandats soient établis sur papier timbré ; mais, si le percepteur négligeait de faire donner cet acquit sur les pièces timbrées et que le mandat non timbré fût seul quittancé, il y aurait contravention aux lois sur le timbre, et l'amende fixée par la loi serait réclamée par le service de l'enregistrement.

Titres d'obligation.

**119.** — L'avance des frais de timbre des titres d'obligations souscrites par les communes et établissements publics est à la charge des communes et établissements publics. (Loi du 5 juin 1850, art. 27.) Voir le n° 57, *Emprunts*.

Actes passés avec l'État.

**120.** — Le timbre de tous actes passés entre l'État et les communes et établissements publics est à la charge des communes et établissements publics. (Loi du 13 brumaire an VII, art. 29.) Voir les n$^{os}$ 60 et 61, *Établissement public* et *État signifiant Gouvernement*.

*Droits à la charge des particuliers.*

Actes de l'état civil.

**121.** — Le droit de timbre des actes de l'état civil se rembourse par les particuliers auxquels ils sont délivrés, en même temps que le droit d'expédition de ces actes.

Certificats.

**122.** — Le prix du timbre des papiers sur lesquels sont délivrés à des particuliers des certificats, copies ou extraits d'actes, doit être remboursé par les particuliers auxquels ces pièces sont délivrées.

Marchés, procès-verbaux d'adjudication.

123. — Les frais de timbre des marchés et procès-verbaux d'adjudication sont à la charge des entrepreneurs. (D. m. f. 19 décembre 1853. I. g. f. art. 1016.)

Il en est de même des cahiers des charges, lorsque les procès-verbaux d'adjudication sont transcrits après les cahiers des charges, parce qu'alors ces deux actes ne font qu'un seul tout par leur connexité et le besoin de recourir constamment au cahier des charges pour les conditions de l'adjudication. (Déc. des 31 décembre 1817 et 13 décembre 1827.)

Afin d'éviter toute contestation de la part des entrepreneurs, les cahiers des charges doivent contenir une clause énonçant que les frais de timbre des pièces ci-dessus seront à la charge des adjudicataires.

Certificats de payement.

**124.** — Le timbre des certificats de payement ou d'avancement des travaux et des procès-verbaux de réception définitive est à la charge des entrepreneurs. (C. m. f. 29 février 1856.)

Pièces justificatives.

**125.** — Le prix du timbre des pièces justificatives à fournir à l'appui des payements est à la charge des entrepreneurs ou fournisseurs. (Même texte.)

Quittances.

**126.** — Les frais de timbre des quittances délivrées par les receveurs des communes et des établissements publics sont à la charge des parties versantes (I. g. f. art. 847), attendu que l'article 1248 du Code Napoléon met cette dépense à la charge de la partie intéressée à prouver qu'elle s'est libérée.

*Responsabilité, quant au payement, des droits et amendes en matière de timbre.*

Disposition générale.

**127.** — Sont solidaires, pour le payement des droits de timbre et des amendes : tous les signataires pour les actes synallagmatiques; les prêteurs et les emprunteurs pour les obligations; les créanciers et les débiteurs pour les quittances; les officiers ministériels qui auront reçu ou rédigé des actes énonçant des actes ou livres non timbrés. (Art. 75 de la loi du 28 avril 1816.)

Responsabilité du receveur.

**128.** — Les receveurs des communes et des établissements de bienfaisance sont chargés, par la nature de leurs fonctions, de veiller à l'intérêt de leurs commettants et d'assurer la validité des payements qu'ils effectuent : dès lors, ils sont responsables de l'inexécution de la loi sur le timbre; *ils sont seuls passibles des droits et amendes de timbre dus à raison des pièces jointes aux comptes*. C'est contre eux que les préposés de l'enregistrement doivent rapporter procès-verbal et en suivre l'effet, sans préjudice de la solidarité établie par l'article 75 de la loi du 28 avril 1816. (D. m. f. 24 mai 1819. R. g. e art. 5873.) Dans tous les cas, les receveurs ont leurs recours contre les parties, mais pour les droits de timbre seulement. (D. m. f. 16 février 1835. R. g. e. 5873.)

Responsabilité du maire.

**129.** — En ce qui concerne les pièces *qui ne sont pas jointes aux comptes*, le payement des droits de timbre *ne peut être réclamé qu'aux maires* et les receveurs des communes et des établissements publics n'ont aucune responsabitité à cet égard. (Sol. 10 mai 1843.)

# INSTRUCTION

## POUR LA DÉLIVRANCE DES QUITTANCES TIMBRÉES.

1° Lorsqu'une recette opérée pour le compte des communes, hospices ou bureaux de bienfaisance excède 10 francs, ou lorsque, n'excédant pas 10 francs, elle a pour objet, soit un à-compte, soit un payement final sur une plus forte somme, la quittance donnée à la partie versante doit être *timbrée*, et elle est alors détachée d'un livre à souche spécial.

Les receveurs doivent agir de même pour les *duplicata de quittances* dont la demande est faite par les débiteurs des communes, hospices ou bureaux de bienfaisance, au cas où la somme excède 10 francs et où la nature de la recette n'est pas exempte du timbre. (I. g. f. art. 843 et 1455.)

2° Le payement de toute somme devant donner lieu à la délivrance d'une quittance timbrée est enregistré sur le livre à souche général, dans la forme et avec les développements prescrits par les règlements; seulement, la quittance adhérente à la souche de ce journal *n'est pas détachée;* elle est laissée en blanc et *simplement biffée.* L'enregistrement de la même recette est fait, immédiatement après, sous le même numéro d'ordre, sur le livre des quittances timbrées, duquel le receveur détache la quittance pour la remettre à la partie versante, qui est tenue de payer le prix du timbre.

Ce comptable ne doit transcrire sur le registre des quittances timbrées le payement d'une somme excédant 10 francs, qu'après s'être assuré que la partie versante consent à payer le coût du timbre. En cas de refus de la quittance timbrée, le payement est seulement constaté sur le journal à souche général, *sans qu'aucune quittance ou aucun reçu puisse être délivré à la partie versante,* qui conserve du reste le droit de prendre *elle-même,* sur l'indication du receveur, le numéro de l'article du journal à souche général où le payement est inscrit. (I. g. f. art. 847, 1453 et 1454.)

3° Quand il s'agit d'un duplicata de quittance, le mot *duplicata* est inscrit tant sur la souche que sur la quittance du livre à souche timbré, mais l'enregistrement n'a pas lieu sur le journal à souche général; le coût du timbre est à la charge de la partie prenante. (I. g. f. art. 1445 et 1455.)

4° Le registre des quittances timbrées ne doit être remplacé que lorsqu'il est entièrement rempli. Toutes les dispositions d'ordre et de surveillance relatives à la tenue des journaux à souche, sont applicables au livre des quittances timbrées, qui doit, comme ceux-ci, être coté et parafé par le maire. (I. g. f. art. 445.)

# TABLEAU

## DES JUSTIFICATIONS TIMBRÉES OU NON TIMBRÉES

A PRODUIRE

PAR LES RECEVEURS DES COMMUNES ET DES ÉTABLISSEMENTS DE BIENFAISANCE

A L'APPUI DE LEURS COMPTES DE GESTION ANNUELLE.

---

Il y a lieu d'appeler l'attention sur les points suivants :

1° Les pièces qui doivent être timbrées sont indiquées par l'initiale (T); celles qui n'ont pas cette indication ne sont pas soumises au timbre.

2° Les copies ou extraits d'actes produits par les receveurs de communes et d'établissements publics, pour la justification des recettes ou des dépenses, sont soumis à la formalité du timbre, à moins qu'il ne s'agisse de justifier une opération de recette ou de dépense avant que le titre puisse être produit, auquel cas les copies ou extraits sont exempts du timbre, mais à la condition qu'ils portent la mention expresse *que l'expédition en forme est retenue par le receveur, afin de suivre l'opération, et qu'elle sera jointe au compte de l'année pendant laquelle l'opération sera terminée.* (Décisions ministérielles des 5 octobre 1845 et 18 avril 1846; instruction de l'administration de l'enregistrement du 30 avril 1846; circulaire de la comptabilité générale des 24 juillet 1846 et 12 juillet 1855.)

3° En cas de décès du titulaire d'une créance, la somme due est payée aux héritiers sur la production soit d'un certificat de propriété (loi du 28 floréal an VII et décret du 18 septembre 1806), soit des pièces d'hérédité, d'après les règles du droit commun. Pour les sommes de 50 francs et au-dessous, il suffit d'un certificat du maire (instructions de la caisse des dépôts du 1er décembre 1851, notamment l'instruction sur les pensions de retraite, art. 50). Chaque ayant droit peut toucher séparément la somme qui lui revient. (Circ. aux payeurs, du 30 décembre 1854)

4° Les ratures et surcharges sur les pièces justificatives doivent être approuvées et exigent toujours une seconde signature. (Circulaire aux payeurs, du 30 juillet 1852.)

5° L'usage des griffes pour les signatures est interdit. (Circulaires du ministre de l'intérieur des 6 juillet et 1er août 1843.)

6° Les opérations non prévues dans la nomenclature ci-dessous doivent être justifiées d'après les mêmes règles que celles avec lesquelles elles ont le plus d'analogie.

## 1° SERVICE DES COMMUNES.

### RECETTE.

| DÉSIGNATION DES RECETTES. | JUSTIFICATIONS. |
|---|---|
| 1° Revenus, rentes, intérêts et produits de toute nature des immeubles ou des capitaux........ | RECETTES ORDINAIRES.<br>*Loyers des maisons, usines et biens ruraux.*<br>Des copies ou extraits, non timbrés, des baux, pour les prix de ferme dont il est compté pour la première fois, et des baux renouvelés pendant l'année, et, s'il y a lieu, la justification de la réalisation des cautionnements prévus par le cahier des charges. A l'expiration des baux, les expéditions elles-mêmes (1).<br>Pour les propriétés indivises entre plusieurs communes, les pièces justificatives doivent être produites par le comptable centralisateur. Quant à chacune des autres communes, il doit être produit un certificat du maire indiquant la date du titre, la somme totale à recouvrer et la part revenant à la commune.<br>*Rentes sur l'État.*<br>Certificat du maire indiquant la date et le montant des inscriptions nouvelles.<br>*Rentes foncières dues par des particuliers.*<br>Des copies ou extraits des titres de rentes dont il est compté pour la première fois.<br>NOTA. L'état des propriétés, créances et rentes, mentionné à l'article 129 de l'arrêté du 29 décembre 1857, doit être produit, avec le compte de la deuxième année de l'exercice, à l'appui des recettes désignées au présent paragraphe. |

| DÉSIGNATION DES RECETTES. | JUSTIFICATIONS. |
|---|---|
| 2° Droits de péage, de voirie, de location de places et échoppes dans les halles, foires, marchés et abattoirs. | *Produits de péage et de voirie.* Pour la première fois, copie certifiée de l'arrêté du Gouverneur qui a déterminé les droits à percevoir. États détaillés et certifiés par le maire des permissions accordées, et des droits qui en sont résultés. *Droits de location de places et échoppes dans les halles, foires, marchés et abattoirs.* Pour les produits dont il est compté pour la première fois, l'arrêté du Gouverneur autorisant la perception des droits. Pour les droits perçus en vertu d'un bail à ferme, une expédition de ce bail, non timbrée pour la première année, et (T) lorsqu'elle est jointe au compte final. Pour les droits perçus en régie simple, états des produits bruts, et présentant les bases et le décompte de la perception; ces états certifiés par l'agent de la recette et arrêtés par le maire. Pour les droits perçus en régie intéressée: 1° le bail ou traité, non timbré avec le premier compte; (T) quand il est joint au compte final; 2° les bordereaux constatant les versements effectués à la caisse municipale; 3° le compte des bénéfices partagés avec le régisseur. |
| 3° Attribution sur la contribution des patentes. | Un extrait des rôles certifié par le receveur des finances et visé par le maire. Copies ou extraits des avis du Directeur de l'Intérieur indiquant le montant des sommes à percevoir. |
| 4° Centimes additionnels communaux ajoutés aux contributions sur rôles. | Mêmes justifications qu'à l'article précédent. |
| 5° Produit des amendes. | États, certifiés par le Directeur de l'Intérieur, des amendes dont le produit a dû être versé au receveur municipal par le receveur de l'enregistrement, ou copies, certifiées par le maire, des mandats délivrés au nom du receveur municipal, ou, enfin, avis indiquant le montant des amendes à percevoir. |
| 6° Produit de l'octroi. | Pour la première recette de l'exercice, copie certifiée ou extrait de l'arrêté du Gouverneur qui autorise la perception des droits. Copies ou extraits des avis du Directeur de l'Intérieur indiquant le montant des sommes à percevoir. |
| 7° Produit des centimes additionnels sur les droits de sortie des sucres et cafés. | Mêmes justifications qu'à l'article précédent. |

| DÉSIGNATION DES RECETTES. | JUSTIFICATIONS. |
|---|---|
| 8° Droits d'inhumation, de concession dans les cimetières et permis d'enterrer hors ville............ | Lorsque le produit paraît pour la première fois, copie certifiée de l'arrêté ou de la décision du Gouverneur, qui détermine les droits à percevoir.<br>États détaillés et certifiés par le maire des permissions accordées et des droits qui en sont résultés.<br>Expéditions (T) des actes de concessions de terrains dans les cimetières. |
| 9° Produit des licences de cabaret.. | Pour la première recette, copie ou extrait de l'arrêté du Gouverneur qui détermine le taux des licences pour l'année.<br>Liquidations établies par le service des spiritueux, ou états mensuels certifiés par le contrôleur des contributions. |
| 10° Produit des actes de l'état civil. | États, certifiés par le maire, indiquant la nature et le nombre d'actes dont il a été délivré des expéditions, ainsi que le produit des droits. |
| 11° Produit des permis de chasse.. | États nominatifs dressés mensuellement par le receveur, et visés par le maire et par le Directeur de l'Intérieur. |
| 12° Produit de la participation des propriétaires dans le pavage des villes et bourgs....... ........ | Pour la première fois, l'arrêté ou la décision du Gouverneur qui a réglé les droits de pavage, etc.<br>Le rôle (T) arrêté par le Directeur de l'Intérieur. |
| 12° *bis*. Cotisations particulières pour le paturage sur les terrains communaux...................... | Mêmes justifications qu'à l'article précédent. |
| 13° Taxes sur les terrains non bâtis. | Mêmes justifications. |
| 14° Prestations pour les chemins vicinaux...................... | Copie, certifiée par le maire, de l'exécutoire du rôle de prestations.<br>Ordonnances de dégrèvement qui justifient la réduction de ce rôle. |
| 15° Subventions, abonnements et souscriptions volontaires pour le même objet................. | Les ampliations, également certifiées, des actes qui ont réglé ou accepté les subventions, abonnements ou souscriptions. |
| 16° Droits sur les bâtiments ou embarcations et autres droits affectés à l'entretien des quais........... | Copie de la décision du Gouverneur qui autorise la perception des droits et en fixe le taux.<br>Liquidations établies par le service des douanes. |
| 17° Redevances sur les fontaines particulières.................. | Lorsque le produit paraît pour la première fois au compte, copie certifiée du tarif des droits.<br>Le rôle (T) arrêté par le Directeur de l'Intérieur. |

| DÉSIGNATION DES DÉPENSES. | JUSTIFICATIONS. |
|---|---|
| 18° Taxe par cheval et mulet de trait employés dans l'intérieur des villes. | Ampliation ou extrait de l'arrêté du Gouverneur qui a fixé le tarif de la taxe.<br>Le rôle (T) arrêté par le Directeur de l'Intérieur; ordonnances de dégrèvement qui justifient la réduction de ce rôle. |
| 18° *bis*. Taxe municipale sur les chiens........................ | Ampliation ou extrait certifié de l'arrêté du Gouverneur qui a fixé le tarif de la taxe; copie certifiée par le maire, de l'exécutoire du rôle de la taxe; ordonnances de dégrèvement qui justifient la réduction de ce rôle. |
| 19° Produit des livrets, des passe-ports à l'intérieur, etc.......... | États mensuels et certifiés par le maire, indiquant la nature, le nombre et le produit des livrets, passeports et certificats délivrés. |
| 20° Redevances pour concessions de terrains........................ | Copie des arrêtés du Gouverneur autorisant les concessions.<br>Expéditions (T) des actes de concessions. |
| 21° Rétribution scolaire............ | États mensuels certifiés par le maire, indiquant le nombre des élèves de chaque catégorie qui ont fréquenté les écoles, et le produit des droits perçus. |
| | RECETTES EXTRAORDINAIRES. |
| 22° Impositions locales extraordinaires de toute nature.......... | Ampliations ou extraits des arrêtés du Gouverneur qui autorisent les impositions.<br>Un extrait des rôles, certifié par le receveur des finances et visé par le maire.<br>Copies ou extraits des avis du Directeur de l'Intérieur indiquant le montant des sommes à percevoir. |
| 23° Produits des biens aliénés...... | *Vente de meubles et d'immeubles.*<br>Ampliation de l'arrêté ou de la décision du Gouverneur qui a autorisé la vente.<br>Copies (T) des procès-verbaux d'adjudication ou autres actes qui ont déterminé le prix et les conditions des ventes, quand elles sont produites avec le compte final, et non timbrées lorsqu'il s'agit d'une justification provisoire.<br>S'il s'agit d'un prix productif d'intérêt, décompte de la recette en capital et intérêts.<br>*Vente d'inscriptions de rente sur l'État.*<br>Ampliation de l'arrêté ou de la décision du Gouverneur qui a autorisé la vente.<br>Expédition de l'acte ou bordereau de l'agent de change qui en établit le prix (T). |

| DÉSIGNATION DES RECETTES. | JUSTIFICATIONS. |
| --- | --- |
| 24° Dons et legs................. | Ampliation des décrets ou des arrêtés du Gouverneur qui ont autorisé l'acceptation des dons et legs.<br>Extrait certifié des inventaires, partages ou actes de ventes, établissant les droits de la commune, quand ce n'est pas une somme fixe qui a été léguée (T). |
| 25° Produits des emprunts........ | Copie de l'arrêté ou de la décision du Gouverneur qui a autorisé l'emprunt.<br>Copie, certifiée par le maire, des actes qui ont réglé les conditions de l'emprunt, (T) si c'est la copie qui a été délivrée à la commune pour lui servir de titre. |
| 26° Subventions de la caisse coloniale | Copies ou extraits des arrêtés du Gouverneur qui accordent les subventions et en déterminent le montant, ou copies ou extraits des avis du Directeur de l'Intérieur indiquant le montant de la somme à percevoir. |
| 27° Recettes accidentelles et imprévues et recettes non comprises dans la nomenclature ci-dessus.. | Titres (timbrés ou non timbrés, suivant le cas) qui constituent les produits, et états, dûment arrêtés par le maire, qui en déterminent le montant. |

## DÉPENSE.

| DÉSIGNATION DES DÉPENSES. | JUSTIFICATIONS A PRODUIRE A L'APPUI DES MANDATS DE PAYEMENT. |
| --- | --- |
| | DÉPENSES DU PERSONNEL. |
| 28° Remises du receveur municipal... | Pour la première fois, copie dûment certifiée de l'arrêté qui a fixé le taux des remises, et relatant la délibération préalable du conseil municipal.<br>Decompte définitif des remises prélevées sur les recettes et les dépenses qui en sont passibles; quittances du receveur municipal (T, si les remises annuelles excèdent 300 francs). |
| 29° Appointements, gages et salaires des agents et préposés de l'administration municipale, traitements des instituteurs et institutrices, etc.................. | Quittances ou états émargés des parties prenantes, énonçant leurs noms, leur emploi, le montant de leurs traitements, gages ou salaires par année et par mois ou par trimestre.<br>(Les quittances pour *traitements* des employés ou agents *attachés au* |

| DÉSIGNATION DES DÉPENSES. | JUSTIFICATIONS A PRODUIRE A L'APPUI DES MANDATS DE PAYEMENT. |
|---|---|
| 29° Appointements, gages, etc.... (Suite.) | *service de la commune* avec un *traitement annuel* doivent être *timbrées*, si ce traitement excède 300 francs; toutes autres quittances pour *salaires* doivent être timbrées, s'il s'agit de sommes excédant 10 francs; les états d'émargement doivent être timbrés, à moins qu'ils ne comprennent aucun traitement excédant 300 francs par an. |
| 30° Taxations des receveurs des finances pour la centralisation des recettes des communes, etc...... | Décompte certifié par le receveur général et visé par le maire, quittance (T) du receveur des finances. |
| 31° Pensions et secours.... ..... | Mandat quittancé ; certificat de vie lorsque la quittance n'est pas donnée par le titulaire, ou que le secours est payé dans une autre commune. Ces pièces sont soumises au timbre s'il n'y est pas fait mention de l'indigence des parties prenantes. |
| | DÉPENSES DU MATÉRIEL. |
| 32° Dépenses ordinaires pour achat d'objets mobiliers, matières et marchandises.................. | Factures ou mémoires réglés des fournitures (T) et relatant, lorsqu'il y a lieu, les numéros sous lesquels les objets sont inscrits au catalogue ou à l'inventaire; copie dûment certifiée et (T) lorsqu'elle est produite avec le compte final, du procès-verbal d'adjudication; soumissions, conventions et marchés (T) dans tous les cas où ces voies ont dû être employées aux termes des articles 63 et suivants de l'arrêté du 29 décembre 1857; certificats de réception et décomptes des livraisons (T). |
| 33° Échanges et acquisitions de propriétés immobilières, par voie d'amiable composition et de consentement volontaire, *d'après les règles du droit commun*......... | 1° Ampliation de l'arrêté du Gouverneur autorisant l'acquisition ou l'échange, en vertu du décret colonial du 20 septembre 1837, art. 86;<br>2° Copie certifiée du contrat (T) lorsqu'il est produit avec le compte final; non timbrée, lorsqu'il s'agit d'une justification provisoire; ladite copie portant mention de l'inscription;<br>3° Certificat (T) du conservateur, délivré après la transcription et constatant la non existence d'inscriptions ou la radiation de celles qui existaient;<br>4° Décompte, en principal et intérêts, du prix d'acquisition.<br>Et pour établir la purge des hypothèques légales :<br>1° Certificat du greffier du tribunal civil constatant le dépôt et l'affiche du contrat au greffe pendant deux mois (T);<br>2° Copie de la signification de ce dépôt au procureur impérial et aux parties désignées en l'article 2194 du Code Napoléon;<br>3° Journal, ou feuille d'annonces, dans lequel a été publiée la signification faite au procureur impérial; |

| DÉSIGNATION<br>DES DÉPENSES. | JUSTIFICATIONS<br>A PRODUIRE A L'APPUI DES MANDATS DE PAYEMENT. |
|---|---|
| 33° Échanges et acquisitions, etc.. (Suite.) | 4° Certificat du conservateur constatant que, dans le délai de deux mois, il n'a été pris aucune inscription sur les immeubles vendus (T).<br>Le maire de la commune, autorisé à cet effet par délibération du conseil municipal, approuvée par le préfet, peut se dispenser de remplir les formalités de la transcription et de la purge, lorsqu'il s'agit d'acquisitions d'immeubles faites de gré à gré et dont le prix n'excède pas 100 francs.<br>(Voir en outre le n° 36 ci-après). |
| 34° Acquisitions d'immeubles *par application du sénatus-consulte du 3 mai 1856, sur l'expropriation pour cause d'utilité publique.* | *En cas de convention amiable :* 1° Extrait de l'arrêté qui a déterminé les propriétés particulières auxquelles l'expropriation était applicable; 2° certificat du maire constatant que les publications et affiches prescrites ont eu lieu, et le numéro du journal où l'insertion a été faite; 3° copie de l'acte de vente mentionnant les déclarations et annotations du conservateur des hypothèques qui a opéré la transcription; 4° certificat du maire, délivré huit jours au moins après les publications ci-dessus mentionnées et constatant qu'aucun tiers ne s'est fait connaître comme intéressé au règlement de l'indemnité; 5° certificat du conservateur, délivré quinze jours après la transcription, et indiquant s'il existe, ou non, des inscriptions sur les propriétaires ou usufruits désignés au contrat d'acquisition.<br>*En cas d'expropriation forcée :* 1° Copie ou extrait du jugement d'expropriation mentionnant textuellement la transcription et énonçant la date de la notification; 2° extrait de la feuille d'annonces et certificat du maire constatant que les publications et affiches prescrites par l'article 6 du sénatus-consulte du 3 mai 1856 ont eu lieu; 3° certificat du conservateur des hypothèques constatant qu'après la transcription du jugement, il n'existait aucune inscription sur les immeubles expropriés, et, dans le cas contraire, l'état des inscriptions ou le certificat qui en tient lieu; 4° certificat du maire, délivré huit jours au moins après les publications ci-dessus mentionnées, et constatant qu'aucun tiers ne s'est fait connaître comme intéressé au règlement de l'indemnité; 5° si les offres faites par l'administration municipale, conformément à l'article 23 du sénatus-consulte du 3 mai 1856, ont été acceptées, copie du contrat contenant règlement de l'indemnité; dans le cas contraire, copie ou extrait de la décision du jury portant fixation de l'indemnité d'expropriation; 6° si, conformément à l'article 53 du même sénatus-consulte (1), il a été fait des offres réelles, une expédition de l'arrêté du maire ordonnant et motivant lesdites offres ainsi que la consignation qui doit les suivre à défaut d'acceptation régulière; le procès-verbal |

(1) La faculté donnée par cet article d'offrir un mandat au lieu de numéraire n'existe pas pour les communes.

| DÉSIGNATION DES DÉPENSES. | JUSTIFICATIONS A PRODUIRE A L'APPUI DES MANDATS DE PAYEMENT. |
|---|---|
| 34° Acquisitions d'immeubles, etc. (Suite.) | d'offres constatant le refus de l'ayant droit, ou, dans le cas d'acceptation, le payement de la somme due, indépendamment de l'acquit, mis pour ordre, au bas du mandat du maire, et, lorsque la consignation a eu lieu, le procès-verbal de consignation et le récépissé du receveur des finances.<br>A l'égard de la purge, voir le dernier alinéa du § 33 précédent, sauf que la limite de dispense est portée à 500 francs quand il s'agit d'acquisitions faites en vertu du sénatus-consulte sur l'expropriation pour cause d'utilité publique. (Voir en outre le n° 35 ci-après.)<br>NOTA. Toutes les pièces sont exemptes du droit du timbre, mais celles qui, dans les cas ordinaires, y seraient sujettes, doivent être visées pour timbre *gratis*. |

35° NOTA concernant les §§ 33° et 34°. Si la propriété vendue appartient en totalité ou en partie à des mineurs, interdits, absents ou incapables, le contrat doit rappeler l'autorisation donnée par le tribunal d'accepter les offres de la commune. Il en est de même pour les immeubles dotaux. Dans tous les cas, fournir la justification du remploi lorsqu'il est ordonné.

S'il existe des inscriptions hypothécaires ou oppositions qui empêchent que le payement puisse être fait au vendeur, le prix de vente est versé à la caisse des dépôts et consignations, en vertu d'un arrêté du maire qui est produit avec le récépissé (T) du préposé de ladite caisse, et toutes les pièces énoncées ci-dessus, à l'exception du certificat ou de l'état des inscriptions délivrées par le conservateur. Cette pièce est remplacée par le reçu du préposé de la caisse des dépôts à qui elle est remise.

| | |
|---|---|
| 36° Constructions et grosses réparations | A l'appui du premier à-compte, décision approbative des travaux, extrait ou copie du procès-verbal d'adjudication publique; justification, s'il y a lieu, de la réalisation du cautionnement; certificat du voyer, visé par le maire, constatant l'avancement des travaux et le montant de la somme à payer (T). Pour les à-compte subséquents, certificat du voyer visé par le maire, rappelant les à-compte payés antérieurement et indiquant la nouvelle somme à payer (T). Quant au solde des travaux, expédition en due forme du procès-verbal d'adjudication (T), décompte général et procès-verbal de réception définitive (T); cahier des charges et devis estimatif ou série de prix (T); dans le cas d'adjudication à prix ferme, le procès-verbal de réception seulement (T). Lorsque, après procès-verbal de réception définitive, les payements doivent être faits en plusieurs années, décompte de la dépense.<br>S'il n'y a pas eu d'adjudication, dans les cas prévus par l'article 64 de l'arrêté du 29 décembre 1857, autorisation du Gouverneur ou du Directeur de l'Intérieur, selon le cas (voir l'article 73 de l'arrêté précité), marchés de gré à gré (T), mémoires réglés et visés (T), états de journées (T). |
| 37° Réparations de simple entretien n'excédant pas 500 francs | Soumission de l'entrepreneur acceptée par le maire (T), ou mémoire des réparations exécutées par économie, dûment réglé et visé par le maire (T). |

| DÉSIGNATION DES DÉPENSES. | JUSTIFICATIONS À PRODUIRE À L'APPUI DES MANDATS DE PAYEMENT. |
|---|---|
| 38° Travaux en régie............ | Mandat d'avances quittancé par le régisseur, relevé des payements certifié par lui et appuyé des rôles de journées dûment quittancés (T), quand ils comprennent des sommes excédant 10 francs; pour les fournitures, mémoires dûment certifiés et visés (T). |
| 39° Dépenses des chemins vicinaux. | 1° *Pour les travaux exécutés en vertu du rôle de prestations en nature* : l'extrait de ce rôle, signé du comptable, revêtu des émargements du surveillant des travaux constatant la libération des prestataires, et dûment certifié par le maire de la commune; quittance à souche du comptable;<br>2° *Pour les travaux payés en argent* : les mêmes justifications que pour les autres travaux de construction, réparation et entretien;<br>3° *Pour les indemnités relatives aux extractions de matériaux, dépôts ou enlèvements de terre, occupations temporaires de terrains* : l'arrêté du Gouverneur qui autorise les extractions de matériaux ou les occupations temporaires de terrains; le traité passé entre le maire et le propriétaire, accepté par le conseil municipal et approuvé par le Gouverneur, si l'indemnité a été réglée à l'amiable (T); dans le cas contraire, l'arrêté du Conseil privé qui a fixé l'indemnité;<br>4° Pour les *acquisitions*, voir le n° 34 ci-dessus. |
| 40° Subventions aux hospices et autres établissements.......... | Les quittances à souche des receveurs ou trésoriers. |
| 41° Remboursement d'emprunts... | *Pour les remboursements*, quittances des ayants droit (T), ou, s'il y a lieu, les obligations timbrées et dûment quittancées.<br>*Pour le payement des intérêts*, quittances des parties prenantes (T), lorsqu'elles n'ont pas été détachées d'obligations timbrées.<br>Nota. Tout titre original au porteur doit être frappé d'un timbre d'annulation. |
| 42° Dépenses imprévues.......... | Les autorisations du Directeur de l'Intérieur, conformément à l'article 11 de l'arrêté du 29 décembre 1857, indépendamment des justifications d'emploi ou de payement. |
| 43° Cotisations municipales....... | Extrait, certifié par le maire, des arrêtés du Gouverneur qui fixent le montant des cotisations à la charge de la commune; récépissés du receveur des finances constatant le versement des cotisations.<br>(Ces cotisations figurent aux budgets et aux comptes sous le titre des divers services qu'elles concernent.) |

## 2° SERVICE DES ÉTABLISSEMENTS DE BIENFAISANCE.

### RECETTE.

| DÉSIGNATION DES RECETTES. | JUSTIFICATIONS. |
| --- | --- |
| **RECETTES ORDINAIRES. (En deniers.)** | |
| 44° Prix de fermes des maisons, biens ruraux et autres immeubles. | Mêmes justifications que pour les recettes de pareille nature concernant les communes. (Voir le n° 1 du présent tableau.) |
| 45° Rentes sur l'État et sur particuliers........................ | |
| 46° Redevances sur les boulangeries, abattoirs, etc.................. | État de répartition établi suivant les formes prescrites par l'article 9 de l'arrêté du 5 avril 1841. |
| 47° Droits sur les commissions de notaires, avoués................ | Copies ou extraits des arrêtés ou décisions portant commissions ou accordant les permissions. |
| 48° Droit sur les permissions de bâtir sur les cinquante pas du littoral........................ | |
| 49° Droits sur l'établissement des forges et usines.. ............ | |
| 50° Droits sur les spectacles, bals et concerts.. .............. ...... | États certifiés des droits perçus en régie simple; actes d'abonnement ou de mise en ferme, quand il y a lieu (T). |
| 51° Remboursement des journées des personnes admises dans l'établissement et pension des indigents retirés à l'hospice à leurs frais... | Lorsque ce produit paraît pour la première fois au compte, copie de l'acte qui a fixé le prix de la journée.<br>États nominatifs portant décompte. (Voir l'article 195 de l'arrêté du 29 décembre 1857.) |
| 52° Produit du travail des indigents entretenus dans chaque établissement........................ | États détaillés des livraisons faites ou des objets confectionnés, avec leur évaluation en deniers, certifiés par l'économe et visés par le président de la commission administrative. |
| 53° Dons, aumônes et collectes.... | États des produits certifiés par les présidents ordonnateurs. |
| 54° Produit des loteries de bienfaisance........................ | |
| 55° Fonds alloués pour l'entretien des vieillards, enfants trouvés, etc., à la charge de la commune...... | Copie ou extrait de la délibération du conseil municipal fixant la somme allouée à l'établissement de bienfaisance. |
| 56° Prix de vente des denrées et autres objets excédant les besoins de l'établissement............ | Procès-verbaux d'adjudication (T) ou états détaillés des produits, et, s'il y a lieu, les mercuriales; en outre, certificat du président de la commission administrative établissant l'origine des produits vendus. |

| DÉSIGNATION DES RECETTES. | JUSTIFICATIONS. |
|---|---|
| 57° Attributions aux hospices sur concessions de terrains dans les cimetières.................... | États détaillés certifiés par le maire. |
| | RECETTES EXTRAORDINAIRES. (En deniers.) |
| 58° Legs et donations........... | Justifications indiquées au n° 24. |
| 59° Remboursement de capitaux.. | Ampliations des actes constitutifs des créances de l'établissement (T). |
| 60° Vente de meubles et d'immeubles. | Justifications indiquées au n° 23. |
| 61° Prix de vente d'inscriptions de rente sur l'État................ | |
| 62° Subventions accordées par les communes ou la colonie........ | Copies ou extraits des délibérations du conseil municipal ou avis du Directeur de l'Intérieur indiquant le montant de la somme à percevoir. |
| 63° Recettes accidentelles......... | Justifications indiquées au n° 27. |
| | RECETTE DES PRODUITS EN NATURE. |
| 64° Fermages et rentes en grains, denrées et autres produits....... | Mêmes justifications qu'au n° 1; de plus, relevé détaillé établissant l'évaluation en argent et appuyé, s'il y a lieu, des mercuriales. |
| 65° Produits des domaines et jardins exploités par l'établissement..... | Un état, dûment certifié, des produits et de leur évaluation en deniers. |

**DÉPENSE.**

| DÉSIGNATION DES DÉPENSES. | JUSTIFICATIONS A PRODUIRE A L'APPUI DES MANDATS DE PAYEMENT. |
|---|---|
| | DÉPENSES DU PERSONNEL. |
| 66° Remises du receveur.......... | Mêmes justifications qu'au n° 28. |
| 67° Appointements, gages, salaires des agents et préposés.......... | Mêmes justifications qu'au n° 29. |

| DÉSIGNATION DES DÉPENSES. | JUSTIFICATIONS À PRODUIRE À L'APPUI DES MANDATS DE PAYEMENT. |
|---|---|
| 68° Dépenses des mois de nourrices et pensions des enfants assistés.. | États nominatifs appuyés des certificats de vie des enfants, délivrés par les maires, ou les actes de décès, avec les quittances des nourrices, ou les certificats de payement délivrés par les maires. |
| | **Dépenses du Matériel.** |
| 69° Dépenses ordinaires pour achats d'objets mobiliers, denrées, matières, marchandises............ | Justifications indiquées au n° 32. Toutefois, s'il s'agit de fournitures d'aliments et d'objets de consommation, produire la décision du Gouverneur qui aurait autorisé les traités de gré à gré (article 50 du règlement du 27 décembre 1854).<br>Pour les menues dépenses : justifications de l'emploi des avances faites à l'économe ou au distributeur, conformément aux articles 22 et 49 du règlement précité. |
| 70° Échanges et acquisitions de propriétés immobilières............ | Mêmes justifications que pour les acquisitions et échanges effectués pour les communes, d'après les règles du droit commun. (Voir le n° 33.) |
| 71° Constructions et grosses réparations.......................... | Justifications indiquées au n° 36, sauf que le visa du *maire* est remplacé par celui du président *ordonnateur*. |
| 72° Réparations de simple entretien et n'excédant pas 300 francs..... | *Idem*, n° 37. |
| | **Dépenses en nature.** |
| 73° Livraisons à l'économe des produits de fermages ou rentes en denrées...................... | Les procès-verbaux d'entrée en magasin, dressés conformément aux instructions sur la matière. |
| 74° Livraisons à l'économe des produits des domaines et jardins exploités par l'établissement..... | Un état, dûment certifié, des produits et de leur évaluation en argent. |

www.ingramcontent.com/pod-product-compliance
Ingram Content Group UK Ltd.
Pitfield, Milton Keynes, MK11 3LW, UK
UKHW020934180726
13838UKWH00002B/943

9 782329 420257